高等教育管理
理论与实践探索

梁 桦 — 著

万卷出版有限责任公司
VOLUMES PUBLISHING COMPANY

图书在版编目（CIP）数据

高等教育管理理论与实践探索 / 梁桦著. -- 沈阳：
万卷出版有限责任公司, 2025. 1. -- ISBN 978-7-5470-
6648-5

Ⅰ. G640

中国国家版本馆 CIP 数据核字第 2024VZ6928 号

出版发行者： 万卷出版有限责任公司
　　　　　　　（地址：沈阳市和平区十一纬路 29 号　邮编：110003）
印　刷　者： 长沙市精宏印务有限公司
幅面尺寸： 170mm×240mm
字　　数： 210 千字
印　　张： 15
出版时间： 2025 年 1 月第 1 版
印刷时间： 2025 年 1 月第 1 次印刷
责任编辑： 张冬梅
装帧设计： 雄宇文化
责任校对： 刘　洋
策　　划： 张立云　刘雄伟
ISBN 978-7-5470-6648-5
定　　价： 79.00 元

前　言

　　高等教育管理是国家教育体系中的核心环节，承担着多项重要职责。它不仅影响高校所培养的人才质量和层次，还涉及高校教育管理秩序的科学化和规范化管理。

　　随着社会的进步和发展，高等教育管理与教学工作所处的环境也随之经历前所未有的多元化变革。这些变革由科技进步、社会发展和经济全球化等多种因素共同推动，不断促进高等教育管理与教学工作的创新和发展。随着高等教育逐渐普及，其管理与教学工作也迎来了深刻的变革。这不仅表现在教育资源的优化配置上，也体现在教育理念、教学方法和管理模式的革新上。

　　如今，我国在高等教育管理与教学工作方面已取得显著进展，不少高校正在引入先进的教育管理理念和教学方法，以提升教育质量。然而从整体上看，我国高等教育管理与教学工作仍面临诸多问题，如教育资源分配不均、教学质量参差不齐、教育创新动力不足等。这些问题不仅影响高等教育的整体质量，也制约了高等教育在培养创新型人才和服务社会发展方面的作用。因此，迫切需要在高等教育管理与教学理论研究和实践中进一步厘清和解决这些问题。在这样的背景下，我们编写了《高等教育管理理论与实践探索》一书，旨在帮助读者深入理解高等教育管理的内涵、发展历程、体制建设、管理创新及评估体系，为高等教育管理者、研究者及相关专业的师生提供有价值的参考。

《高等教育管理理论与实践探索》一书共6章内容，涵盖了高等教育管理的各个方面，内容翔实丰富，结构清晰。在第一章中，详细阐述了高等教育管理的内涵、目标、规律、原则和特点，并探讨了相关理论。在第二章中，不仅回顾了我国高等教育管理的发展概况，也介绍了国外高等教育管理带给我们的一些经验和启示，阐述了发展高等教育管理的必要性，深刻探讨了高等教育管理的改革与发展。第三章主要讨论了高等教育管理体制，除了介绍了高等教育管理体制的概念、形式等，还分析了国内外高等教育管理体制的现状，指出了我国高等教育管理体制的主要问题及制约因素。第四章涵盖了高等教育管理的具体建设内容，包括教学课程管理、学生教师管理、科研经费管理和学校资源管理。第五章和第六章则主要介绍了高等教育评估和高等教育管理创新方面的相关内容。

本书聚焦于管理创新的理念、路径和实践，鼓励读者在理解现有管理模式的基础上，勇于探索、敢于创新，为高等教育管理注入新的活力和动力。通过对本书的阅读，管理者和教育工作者能够更加深入地理解高等教育管理的理论和实践，找到适合自身发展的管理模式和策略。我们也衷心地希望，本书能够为高等教育管理的研究提供新的视角和思路，推动高等教育管理理论的创新和发展。感谢每一位读者的关注和支持，希望本书能够在您实际的教育管理工作中提供有益的帮助和指导。

　　本书在编撰过程中，参考并吸收了许多专家学者的著作和研究成果。在此，笔者对他们的辛勤工作和无私奉献表示衷心的感谢。由于笔者学识有限，加之时间仓促，书中难免有失之偏颇的地方，如有不当之处，还望各位专家学者、广大师生批评指正。

梁　桦

2024 年 6 月

C 目　录
ONTENTS

第一章　高等教育管理概述

第二章　高等教育管理的改革与发展

第三章　高等教育管理体制

第四章　高等教育管理建设

第五章　高等教育评估

第六章　高等教育管理创新

第一章　高等教育管理概述

高等教育管理作为现代教育体系中的重要组成部分，承担着多重任务与责任，直接关系到高校的日常运行与长期发展，包括资源配置、教学质量保障、师资队伍建设等关键方面。有效的管理能够确保高校在激烈的全球竞争中保持优势，吸引优秀的师生资源。

此外，高等教育管理还对人才培养的质量有着深远的影响。通过科学合理的课程设计、创新的教学模式和严格的学术评估体系，管理者能够提升学生的综合素质与专业能力，培养出适应社会需求的高素质人才。总之，高等教育管理不仅是高校稳健发展的基石，更是推动教育质量提升和科研创新的关键动力，对于国家和社会的进步具有重要意义。

一、高等教育管理概述

高等教育管理是指对高等教育机构进行规划、组织、协调、控制和评价等管理活动，以实现教育目标、提升教育质量的过程，其内涵涉及教育资源的优化配置、学术研究的推动以及人才培养的引导等方面，下面将对高等教育管理的内涵进行深入剖析。

（一）管理的内涵

管理是指在特定环境下，管理者通过计划、组织、领导、协调和控制等职能，对组织所拥有的资源进行有效的运用，以实现既定目标的过程。它不仅涉及协调他人活动，还包括有意识地调节社会系统内外的各种关系和资源。通过实施这些职能，管理者能够使他人同自己一起实现既定的目标，从而在特定的历史条件下，有效应对社会发展的客观规律和各种表现方式。

1. 管理的释义

管理的含义包括了以下三方面的内容。

第一，管理是为实现组织目标服务的，是一个有意识的、有目的的活动过程。管理是任何组织不可或缺的，但绝不是孤立存在的。只要有组织及其活动，就存在管理问题。就管理本身而言，管理不具有自己的目标，不存在为管理而管理，没有活动也就不存在管理问题，管理是依附于活动而存在的，组织活动的目标就是管理的目标，管理是服务于组织目标的。

第二，管理活动是通过一系列相互关联的资源要素所进行的，管理工作就是要综合运用组织中的各种资源要素，通过计划、组织、控制等来实现组织目标，达到活动的目的效果，这就成为管理的基本职能。

第三，从管理本身来讲，管理活动应该按照自己的规律进行，但是，现实管理活动中的资源并不是孤立存在的，管理工作是在一定环境条件下进行的，管理是一种社会活动，有效的管理必须充分考虑组织的特定环境。

"一般管理理论"①最早诞生在法国。当泰勒②及其追随者正在美国研究和倡导生产作业现场的科学管理原理和方法的时候，大西洋彼岸的法国产生了组织管理的理论，被后人称为"一般管理理论"或者"组织管理理论"。与泰勒主要研究基层作业的管理理论不同的是，"一般管理理论"是站在高层管理者的角度研究组织管理问题，在此基础上，现代管理理论的研究发展很快，形成了许多管理的经典理论和理论体系。根据研究管理的对象不同，可分为广义的管理和狭义的管理。广义的管理可以是针对大自然中万事万物的管理，狭义的管理只是针对某项具体活动，以及这些活动中的资源所进行的计划、组织、领导、控制，一般研究的管理是指狭义的管理，是指组织管理、行为管理、活动管理。活动的结果，实际上是人的能动性的结果，管理的实质是管理者与被管理者之间发生的矛盾的解决。基于此，可以认为管理就是管理者、被管理者、事项三方形成的特定活动。

现代管理的分类方式多样，通常可以从多个角度进行划分。根据活动规模的不同，可以分为宏观管理和微观管理；依据具体活动内容的差异，可以分为综合管理和专项管理；从管理的形式来看，又可分为紧密管理和松散管理。当然，上述这些分类方法并不是绝对的，而是相对而言的。

2. 管理的基本理论

（1）系统管理理论

系统管理理论指出，管理的任务就是协调系统中的各个子系统以及

---

① 一般管理理论，是现代经营管理之父——亨利·法约尔在其代表作《工业管理和一般管理》（1916年出版）中阐述的管理理论。

② 弗雷德里克·温斯洛·泰勒(Frederick Winslow Taylor)，出生于美国费城，是最先突破传统经验管理格局的先锋人物，由于他对管理学的贡献，被后人称为"科学管理之父"。

系统要素，以保持系统的动态平衡，取得系统最佳运行效果。这种管理理论及其方法的核心是把管理作为一个整体的系统，系统就要有系统要素，系统要素就是人、物、活动及其项目。这种管理理论和方法一般应用在军事战略、建设工程、大型活动（内容复杂、组织规模大、投入量大、长时间与长周期）中较为合适，当然，这些也只是相对的，因为大和小本身就是相对的。

（2）人本管理理论

以人为本的管理理论强调以人为核心进行管理，注重尊重个体并充分发挥其潜力。然而，这一理论在执行过程中可能面临困难，若处理不当，可能导致偏见。其目标是通过激发管理者和被管理者的最大潜力，实现最佳管理效能。这通过管理者的热情和效率以及他们对团队的影响力来实现。人本管理理论虽然是一个相对比较早的管理理论，但是在实践中应用得并不是很多很好。究其原因，传统的、单纯的人本管理理论十分强调管理的"人"这个素质，可以说，低素质的人是绝对运用不好人本管理理论的，一个管不好自己的人同样也是管理不好别人的，更不用说有效地运用好人本管理理论。不过，现代的人本管理理论加入了一些新的元素，在人本管理中加入制度管理，人本管理加制度，形成一种新的意义上的人本管理理论，可以说是现代的人本管理理论的发展。

（3）目标管理理论

目标管理理论和方法是一种与利益相关联的刚性管理模式。这种管理理论和方法实际上是与价值理论密切相关的，甚至可以说是以价值理论为基础的。要有一个预先设置的价值目标，然后以这种价值目标的实现为核心而展开管理活动。价值目标的认同是关键，是目标管理的前提。价值目标的确立也是十分重要的，价值目标必须通过全体成员认同。目标管理理论强调组织目标的制定要得到所有组织成员的认同，没有认同感的组织目标是不切实际的、难以达到的。有人说目标管理只是注重结果，这是十分错误的，最新的目标管理理论不仅仅是注重管理活动的一头一尾，除了最先确定价值目标、最终对完成价值目标的检验结果外，还对过程实施严格监督，让目标按既定的方向完成。不要等到问题成了堆，最后成为一个很糟糕的结果，既成事实不是目标管理的目的，要让管理者与被管理者通过共同的努力，一步一步向既定目标靠近。实现以价值目标为中心而组织的目标管理活动，是一种刚性的量化管理，因此执行也是刚性的。目标管理理论除了注重价值目标外，具体的应用还有一个公平理论问题，这是由目标管理理论的刚性所决定的。

（4）标准化管理理论

这种管理理论和方法是在专业化管理的基础上，由管理者组织专家制定管理的标准，要通过一定的法律法规程序予以确定。这种管理的思想十分明确，最朴素的道理就是"没有规矩不能成方圆"。标准化管理虽然是组织和专家行为，但标准并不是武断和空穴来风，既要有权威性，又要有社会基础和群众基础，通过科学的过程来制定。在这一过程中有两个十分重要的环节，一个是标准的制定，另一个是标准的执行。这两点是标准化管理的要害，有时候可能还是成败的关键。在管理活动中，有了标准不好好执行，或者执行起来走样，必将导致标准化管理的全面失败。当然，这不是标准化本身的问题，是实施标准化管理的实践问题。

（5）组织管理理论

组织管理理论和方法的核心在于最高决策层通过设置各级组织、规定职能，并通过领导核心、组织授权和实施来实现管理目标。重点在于设计有效的组织结构，关键在于正确授权组织职能。同时，也有人把它归结到组织的层级管理理论、组织的能级管理理论、组织的行为管理理论。组织管理理论要有严密的组织结构，要有明确的组织目标和组织功能，同时，要有一套有效的组织运作机制，否则，再好的科学组织，再完善的组织功能，没有好的运作机制也不可能活起来，甚至导致组织管理活动不可能有效地展开。

（6）模糊管理理论

这一概念代表了管理领域中的一种当代方法，特别是在软管理领域，其中运用了模糊数学的原理和技术。它专注于高级管理人员的行为管理，被视为软管理的一种变体。与直接的管理方法不同，模糊管理适用于复杂、广泛、中长期和智力要求高的管理场景中。

（二）高等教育管理的概念

高等教育管理通常被定义为根据教育目标和发展规律，合理配置资源，协调内外各种关系，并通过有效的计划、组织、领导和控制来实现高等教育系统的既定目标。从教育管理的角度来看，高等教育是建立在中等教育基础上的进一步教育，因此，高等教育管理指的是在这一特殊专业层面上的管理。从管理层次上讲，高等教育管理可以分为宏观管理和微观管理。宏观管理包括战略规划和宏观调控，微观管理则涉及教育组织内部的具体管理活动。

从定义上分析，高等教育管理具有以下三层含义。

第一，高等教育管理的依据。高等教育管理的概念首先指明了高等教育管理活动的依据是高等教育的目的和发展规律。高等教育的目的是为社会提供各级各类高级专门人才，各级各类高级专门人才的教育在类别上分为普通高等教育、成人高等教育；在性质上分为公办高等教育，民办高等教育；在层次上分为专科教育、本科教育、研究生教育。这些教育的目的和目标是管理的根本依据。高等教育受到学生身心发展的影响，通过德育、智育、体育、美育等过程，培养全面发展的人，只有把人作为社会关系的总和来看待，才能对人的发展有全面的理解。因此，各级各类教育过程都有其自身的客观内在规律，只有正确认识它们的客观规律，才能实施科学的管理。高等教育受经济、政治和文化因素的影响，同时也为它们的发展提供服务。生产力、技术进步、社会制度和文化传统等因素显著影响着高等教育。在政策制定和人才培养方面，坚持教育目标和发展模式至关重要，这构成了高等教育管理的基础。

第二，高等教育管理的任务。高等教育管理的使命在于有意识地调节内外部的各种关系和资源，以顺应其发展的客观规律。高等教育系统作为社会整体的一个组成部分，其管理的核心在于协调和解决系统内部存在的各种矛盾和挑战。这不仅需要系统性的设计和整合，还需要优化各要素之间的相互作用，确保高等教育系统能够有效运行并发挥最佳效果。通过精心设计和有效的资源配置，高等教育管理可以有效地应对变化和挑战，促进教育质量的提升，培养出更具竞争力和创新力的人才。

第三，高等教育管理的目的。高等教育管理的核心在于推动高等教育系统的各项目标顺利实现。在这个复杂的系统中，人才培养被视为最基本的任务和使命。因此，管理工作必须紧紧围绕这一目标展开，通过有效地协调各种内外部关系和优化资源配置，确保高等教育的真正目标得以有效落实。管理的效率是其中一个重要考量，但更根本的是支持和保障高等教育目标的实现，从而推动教育质量的提升和人才培养的全面发展。通过精心的管理实践，高等教育管理者能够有效应对各种挑战和变革，促进教育体系的健康发展，以适应社会需求和时代发展的要求。

综上所述，高等教育管理无论是在宏观层面还是微观层面，都以国家教育方针、组织发展目标、制度规则和社会背景为依据，通过立法、行政、经济和市场手段进行协调和控制。其核心任务是确保高等教育的人才培养质量，推动科学文化知识的创新，促进社会进步，最终实现高等教育的可持续发展。高等教育管理在实践中须平衡各种利益和要求，以促进教育质量的提升和社会需求的有效响应，从而为国家和社会发展提供持续稳定的人才支持和智力支持。

二、高等教育管理的目标

高等教育管理的目标包括在高等教育机构内建立标准化的指导方针。这些指导方针详细规定了管理活动中不同参与者在特定时间框架内应达到的预期成就。这些目标基本上是为了培养个体的教育目标而设立的。

随着高等教育改革的深入，高等教育与社会的经济、政治、文化等各方面的联系越来越紧密。同时，高等教育承担了更多的社会职能，需应对各种社会期望，努力满足社会对知识和人才的多重需求，这也造就了高等教育管理目标的多样化。

（一）高等教育管理目标的规律

高等教育在外部和内部规范的影响下运作。外部规范涵盖社会、政治、经济和文化背景，这些背景对高等教育机构提出了为社会服务的要求。内部规范涵盖认知、发展和成长原则，指导高等教育机构以及关于人才培养的规定。基于外部和内部规律的划分，高等教育管理目标可以分为外部目标和内部目标。外部目标反映高等教育在经济发展和社会进步中的作用，即其社会功能；内部目标则体现高等教育活动的状态，如教育目的、要求、途径、质量、水平和条件保障等。因此，外部目标可视为功能性目标，内部目标则是状态性目标。外部目标主要由高等教育主管部门通过决策和控制体现，而内部目标则反映在高等学校对自身价值的追求上。

（二）高等教育管理目标确立的依据

确定高等教育管理目标需要科学依据。高等教育管理目标是高等教育发展目标的一部分，其确立必然受到各方面因素的制约。确立高等教育管理目标需要适应社会发展的要求，符合高等教育发展的内在规律，并考虑高等教育管理对象的具体状况。

1. 社会发展依据

高等教育管理目标必须在社会发展的大背景下考量。当今社会，科学技术飞速发展，综合国力竞争日益激烈。为应对21世纪的挑战，国家制定了"科教兴国"战略，为高等教育的发展提供了良好机遇。人类社会经历了从原始社会向农业社会、从农业社会向工业社会的两次转变，现正经历从工业经济时代向知识经济时代的第三次转变。

知识经济以知识资源为第一生产要素，以高技术产业为支柱，强调知识和技术创新。我国需要积极应对知识经济的到来，实施"科教兴国"战略，才能在国际竞争中占据主动地位。迎接知识经济、实施"科教兴国"战略的对策包括：建立国家知识创新和技术创新体系，推动高科技产业发展，以及深化教育改革、培养创新人才。这些挑战使得高等教育需要不断创新知识和培养人才。

2. 教育发展依据

实施高等教育管理的核心目的是促进高等教育的改革和发展，以最终实现高等教育的宗旨。在这一过程中，高等教育的发展依赖于党的教育方针和政策的引导，因此高等教育管理的目标应根据党的教育方针和政策要求来确立。

现代高等教育的改革和发展，要求人们必须重视和研究国际经济、科技的发展趋势，增强教育的开放意识，认真借鉴世界各国的有益经验，从而加快发展我国的高等教育事业。这要求高等教育管理目标的确立既要围绕国家和社会对高等教育发展的基本要求，又要体现在管理理论的科学性、管理理念的时代性、管理实践的高效性、管理内容的切实性、管理过程的目的性上。高等教育管理目标的确立，如果缺少管理科学的思维方式，就不能合情合理，切实可行，就难以达到实行目标管理的目的；高等教育管理目标的确立，如果缺少时代特征，就不能符合高等教育改革与发展的要求，就有违高等教育管理的初衷；高等教育管理目标的确立，如果不能使目标操作简便、明了、易行，就不易被管理的主客体双方接受，就难以达到事半功倍的效果；高等教育管理目标的确立，如果其内容要求不切实际，不考虑各地、各层次、各类型的具体情况，就难以真正为高等教育的改革与发展服务；高等教育管理目标的确立，如果在实行其全过程的各阶段，要求不明确，就会形成操作中的盲目性，并且难以在实践中加以修正，就不可能达到最后目标的要求。

高等教育的改革和发展，旨在更快更好地实现高等教育的目的，这一目的集中反映在国家和社会对人才的需求上。只有以高等教育发展为依据，才能体现管理目标的确立为培养社会主义建设要求的人才服务。

3. 工作目的依据

高等教育管理对象包括人、财、物等多种类型，其中人是最关键的，因为财和物的管理最终由人来实现。

由于管理对象在层次、素质和水平上存在差异，具体目标也就有所不同。目标定得过高或过低都会影响管理工作的效果。高等教育管理对象具有双重性，既是管理者，又是被管理者。高层管理者管理中层管理者，中层管理者管理基层管理者，基层管理者则具体管理事务。

目前，高等教育管理对象的整体素质有所提高，但部分人的育人观念、时代观念、敬业观念和服务观念仍需适应形势发展。如果不了解和分析具体情况，就难以制定切实可行的目标。

此外，各地区发展的不平衡导致高等教育发展的不均衡，显示出管理的差异性。如果在制定目标时不考虑不同地区管理水平的差异，采取

"一刀切"的管理模式，目标将流于形式，操作过程也会不切实际。

（三）高等教育管理的目标模式

高等教育管理的目标模式包括管理目标确立的理性模式、渐进模式和综合模式。

1. 理性模式

理性模式的主要特点是目标设定的科学性和可行性。制定者通过综合信息和客观分析，评估备选方案的优劣，预测育人成本和效益，从而选择最佳方案。

理性模式的最终目标是设计一套程序，帮助管理者确立最大"净价值成效"的合理目标。所谓"净价值成效"，即目标效果大于实现过程中所付出的价值。理性模式要求明确所有教育需求及其重要性、备选目标方案及其可能结果，以及实现这些目标的途径。尽管理性模式能够提升管理目标的合理性和可行性，但由于管理者的能力和知识有限，其目标设定无法完全满足理性化的要求，需通过渐进方式修正。

2. 渐进模式

渐进模式强调目标的调整和修正，通过"边际调适科学"的方法，以现有目标为基础，经过实践和比较后修改或新增内容。

渐进模式的特点在于不必评估所有目标方案，只需关注与现行目标有渐进性差异的方案，并论证其重要结果。

渐进模式的应用条件包括现有目标基本满足需求，管理者对问题的看法一致，且有处理问题的共同方法。由于高等教育管理对象的复杂性和实际情况的变化，渐进模式在应对新问题时可能显现出一定的局限性。

3. 综合模式

综合模式结合了理性模式和渐进模式的优点，旨在追求最优化。综合模式通过将两种或多种模式有机结合，构建了一种更全面的目标设定方法。

综合模式在目标设定中兼顾理性和渐进方法，既宏观审视目标要素，又探讨重点问题，避免陷入细枝末节。通过综合模式，管理者可以节约时间、精力和资源，提高方案的可靠性，并为创新提供机会。

综合模式在制定高等教育管理目标时，能够兼顾科学性和实际操作的可行性，成为一种更加实用的管理模式。

（四）确立高等教育管理目标的意义

在高等教育管理活动中，确立管理目标至关重要。

首先，目标是高等教育管理的起点和依据，决定了管理活动的方向。高等教育管理目标不仅确定了活动的方向和任务，还规定了活动的内容，影响了活动的途径和方法。高等教育管理活动的最终目的是有效实现其目标。没有明确目标的高等教育管理将失去方向和意义。因此，整个管理过程应围绕目标展开。

其次，目标是激发高等教育管理者积极性的关键因素。任何工作都需要注重效果，高等教育管理也不例外。虽然效果受多种因素影响，但与人的自觉性和有效性直接相关。自觉性越高，有效性就越大。因此，明确并传达管理目标，可以促使管理者形成自发的思考和积极的行为，从而激发热情和动力。

再次，目标是处理高等教育管理中矛盾的必要工具。目标既是预期可以达到的，又是需要努力才能实现的。确立目标的过程，就是分析和认识管理中矛盾的过程。实现管理目标的努力过程，也是发现、处理和解决矛盾的过程。

最后，目标是评估高等教育管理效果的依据。检验管理效果时，不仅要看完成了多少工作，更要依据预定的管理目标来评估实际效果。只有明确管理目标，才能评估管理成效的高低，使高等教育评估有据可循。

三、高等教育管理的规律

研究高等教育管理，就必须认识和掌握高等教育管理的客观规律。由于高等教育管理是一门新学科，目前还没有科学准确地概括出它的基本规律，业内一些学者对此提出了富有启发性的见解。下面就从不同角度出发，对高等教育管理规律进行初步探讨。

（一）自然属性与社会属性相统一

高等教育管理的自然属性是其本质上的稳定性，不受社会条件和时代背景变化的影响；而社会属性则指在不同社会形态和历史发展过程中形成的特定个性和不同特征。这两种属性共同构成高等教育管理活动的矛盾统一体，体现在管理职能如计划、组织、指挥、协调、控制等方面，最终促进高等教育管理的效益。

1. 高等教育管理的自然属性

高等教育管理的本质特征可以总结为三个主要方面。首先是其普适性，即不论国家或历史时期如何变化，管理高等教育活动始终是必要的。高等教育作为国家发展的重要组成部分，其管理的需求始终贯穿于教育发展的各个阶段。其次是共同性，指高等教育管理在不同历史发展阶段具有普遍存在的共同特征，这些特征不受国家差异或历史变迁的影响。不论是教育机构的组织架构、管理制度还是教学质量保障，都体现了高等教育管理的共性需求。最后是技术性，这一方面强调各国可以相互学习和借鉴先进的管理技术和手段，例如信息技术在管理实践中的广泛应用，以提升管理效率和服务质量。这些特征共同构成了高等教育管理的核心属性，为各国高等教育管理实践提供了理论和方法上的共通基础和实际操作的指导，促进了教育系统的持续改进和适应社会发展需求的能力提升。

2. 高等教育管理的社会属性

高等教育管理的社会属性包括两个关键方面。首先是历史延续性，指不同社会和自然环境对高等教育管理活动的深远影响。管理的意识形态和信念受制于特定的社会文化形式和心理状态，难以超越这些历史影响。其次是政治维度，表明高等教育管理必须在特定的社会历史条件和社会关系中运作。管理活动不仅要强化和巩固特定的生产关系，还必须实现高等教育的基本目标。例如，以人为本的管理哲学在这一背景下具有重要的意义和实际应用。这些社会属性决定了高等教育管理不仅仅是技术行为，而且是与社会结构和文化背景深刻交织的复杂过程。管理者需要在理论和实践中处理历史传承与政治环境的互动，确保高等教育系统的健康发展和有效实现其社会功能。

（二）封闭性与开放性相统一

高等教育管理的自封闭性指的是系统在其特定内部矛盾中能够自主运作并建立良性循环的能力。相比之下，管理的开放性体现为系统能够根据管理矛盾的特定需求，与外部环境进行物质、能量和信息的交流。

1. 高等教育管理的封闭性

在高等教育管理内部系统的背景下，根据特定系统目标进行优化和整合至关重要，从而让内部系统创造成为一个相对自封闭的环境。这种自封闭有助于在系统内部维持相对稳定，并支持系统分析和管理活动的顺利进行。

尽管封闭性是高等教育管理的必要条件，但完全封闭的系统并不存在，因为完全封闭将阻碍与外部环境的互动，最终影响系统的健康发展。因此，高等教育管理的封闭性本质上是相对的。

2. 高等教育管理的开放性

高等教育系统不仅受制于外部环境的影响，同时也能够对其产生影响，并且通过物质、能量和信息的交换与外部环境保持互动，这体现了高等教育管理的开放性。这种开放性是实现高等教育系统整体特性和功能目标的必要条件，也是实现高等教育管理高效益的关键。开放性为高等教育系统的存在和发展提供了物质基础和基本条件。

3. 高等教育管理的封闭性与开放性的矛盾统一

高等教育管理的封闭性和开放性是相互对立又统一的。封闭性强调当前高等教育管理系统的"存在"，侧重于在当前状态下的优化，但可能因此失去未来发展的机遇；而开放性则注重高等教育管理系统的发展，追求效益的最优化，但如果过于关注发展，可能会忽视当前系统的基础和稳定。

封闭性和开放性的统一体现在：在相对独立而完整的高等教育管理系统内，既能保持一定的封闭性以优化自身，又能通过开放性与社会环境进行交流，从而建立更适应社会发展需求的高等教育管理体系。

（三）学术管理与行政管理相统一

在高等教育管理中，行政管理是不可或缺的一部分，包括制定高等教育的规划、资源的分配和调控，以及对计划执行的检查督促，同时协调高等教育系统各方面以保证其正常运转等功能。此外，学术管理在高等教育管理中同样至关重要，学术水平的高低和学术管理的成效直接影响着高等教育管理的水平及其发展。因此，高等教育管理必须坚持学术管理与行政管理的统一，尽管它们在若干方面存在显著不同。

1. 指导原则不同

在学术管理中，坚持学术自由原则至关重要，推崇多元思想的竞争，是学术繁荣的基础。解决学术分歧应通过自由充分的讨论达成共识，而非依赖个别权威或简单的多数决策。学术评判应基于科学标准，注重科学实验、调查研究和同行评审，而非行政管理中的行政决策方式。在行政管理中，虽然偶尔需要依据少数服从多数原则做出决策，但重要决策仍须科学合理，注重实际可行性和影响评估。

2. 采用方式不同

在学术管理中，应根据各学科专业的特点采用相应的管理方法。不同学科和专业有其独特性，因此管理策略也应多样化。文科和理科的管理方法不同，专业课和基础课的管理也各有侧重。相比之下，行政管理更强调整体性和统一性，从全局角度出发，通过政策法规和规章制度来协调和统一高等教育管理的各个方面工作。

3. 管理程序不同

学术事务的管理是依靠教授专家实行民主管理。在西方大学中，学科发展方向的选择、学术规则的制定、学术梯队的配置，甚至包括教学研究人员的选聘等问题的决策管理，都由教授讨论会决定。我国实施

"863计划"①，为了减少失误，在决策中也参照西方经验，实行了"首席科学家制度"②。在我国很多高等学校，学术事务管理上的决策，也都吸收教授参与讨论。行政管理是贯彻执行上级指示和领导工作意图，是一种"科层式"管理，强调下级服从上级，从上到下逐级指挥和布置，层层贯彻执行。

高等教育管理中学术管理与行政管理虽然有上述这些不同的特点，但只是相对的，学术管理与行政管理往往是交织在一起的，很难截然分开。特别是随着高等教育日趋大众化，高等学校规模的扩大和内部结构的日益复杂化，高等教育管理的难度也逐渐加大，这必将促进行政管理的强化。这就要求在高等教育管理中，要更加注意根据学术管理与行政管理的不同特点，采用不同的方法进行管理，并尽量协调好两者之间的关系，绝不能用行政管理来代替学术管理。

（四）过程管理和目标管理相统一

研究管理活动的过程是管理科学中的核心议题之一。管理过程涵盖了为达成管理目标而进行的一系列动态和连续的管理活动。为了有效地实现这些目标，管理活动需要按照特定程序履行基本职能，从而形成有序的管理流程。如果未对管理过程进行全面分析，将难以揭示各管理工作部分之间的内在联系。

---

① 即国家高技术研究发展计划，始于 1986 年，旨在推动高科技发展。其目标是提升国家创新能力，聚焦信息、生物等领域，对中国科技事业的发展影响深远。

② 由以色列创立的科技创新管理模式。首席科学家制度涉及选拔激励，科技创新管理与政策制定，经费分配与日常科技管理，资源共享协调与国际合作，并强调科学家自主权。

1. 过程管理

高等教育管理的核心过程可以概括为四个主要环节：计划、执行、检查和总结。

在高等教育管理中，计划阶段是整个管理过程的起点和基础。在这个阶段，管理者需要明确制定高等教育的发展目标和具体任务，同时制定详尽的实施方案和策略。这包括对资源的合理配置、决策的科学性和行动计划的具体规划，以确保所有活动都有明确的方向和指导思想。

执行阶段是将计划转化为实际行动的关键环节。在这个阶段，管理者通过组织、协调、指挥和控制等管理职能来推动计划的实施。这包括确保资源的有效利用，团队成员的有效配合，以及各项工作任务的有序推进，从而实现预期的高等教育管理目标。

检查阶段与执行阶段紧密相连，其主要任务是监督和评估执行过程中的实际进展。管理者需要建立有效的监控机制和反馈系统，及时收集和分析数据信息，评估计划执行的成效和问题，为后续调整和改进提供依据。这个阶段强调的是持续性的改进和学习，确保管理活动与实际情况保持一致。

最后的总结阶段是对整个管理过程的反思和总结。管理者通过综合评估和分析管理活动的结果和效果，总结经验教训，识别成功因素和改进空间。这不仅有助于形成全面的管理反馈，还为未来的管理决策和计划制订提供了重要参考依据。总结阶段的关键在于从过去的经验中吸取教训，不断提升管理效能和适应性，以应对高等教育管理中的各种挑战和变化。

综上所述，高等教育管理的四个主要环节相互交织、相辅相成，构成了一个持续不断优化和发展的管理循环。通过精细规划、有效执行、持续检查和深入总结，高等教育管理能够有效应对复杂的管理环境，推动教育质量和效果的提升，确保高等教育体系的持续发展和适应社会需求的能力。

2.目标管理

目标管理是一种管理方法，通过设定目标来引导和监控管理过程。其核心在于：管理者与被管理者共同根据组织任务确定具体的目标，将总体目标分解为部门和个人的具体目标；激励各部门和成员自觉地努力实现这些目标；利用管理目标监测工作进展和评估成效，并根据评估结果实施相应的奖惩措施。

高等教育管理过程具有一些难以控制的特点。首先，学校教育工作的周期性较长，管理效果有滞后性，其社会效益可能需要数年时间才能显现出来。其次，教师工作具有较大的个体化特点，工作方式较为独立，不同于工厂按照严格工序进行分工的物质生产过程。最后，高等学校的"产品"即学生，其发展具有较高的可塑性和个体差异性，其素质不易通过简单的标准化检验。因此，在管理过程中需要因材施教，注重个性化管理，这也增加了管理的复杂性和挑战性。总而言之，高等教育管理必须结合过程管理和目标管理双重手段。

（五）管理与服务相统一

通常情况下，管理职能包括协调和控制生产关系的职能以及组织生产的职能。在管理实践中，这两者通常被称为管理与服务。虽然它们有所不同，但它们之间密切相关，相互促进，构成了辩证统一。优秀的服务工作有助于增强管理效果，而科学有效的管理本身也是优质服务的一种表现。

在高等教育管理中，必须根据其独特特点，妥善处理管理与服务之间的关系。正确处理高等教育管理中的管理与服务问题，关键在于正确对待教育从业者，特别是高等学校的教师。教师不仅是主要的管理对象，也是主要的服务对象。在高等学府中，必须充分理解和尊重教师，因为高等学校的成就和教育管理的成功主要依赖于他们。必须尊重他们的人格和个性，理解他们的个体劳动方式、独立思考的习惯以及追求真理的精神。对他们的工作表现应给予合理评价和充分肯定。

在处理管理与服务关系时，必须统一对上级领导机关和群众的责任。管理工作需要依据上级指示和规章制度进行，这是必要且相对容易的。然而，高等教育管理事业的发展必须依赖于师生群众的支持和参与。如果仅仅对上级负责而忽略群众，就难以从实际出发解决问题，这必然会损害教师的积极性，从而不利于高等教育管理工作的开展和推进。

四、高等教育管理的原则

原则是人们对客观规律的认识和反映，是指导人们观察和处理问题的准则。由于规律具有不以人的意志为转移的客观性，因此，作为客观规律反映的原则也应该具有一定的客观性。任何管理活动，总是自觉或不自觉地遵循着某种原则，这就是管理原则。为了使管理活动有效，管理原则必须符合客观规律，并且不断地随着社会的变化而发展。

（一）原则确立依据

高等教育管理原则是从事高等教育管理时应遵循的活动准则和基本要求。它是从高等教育管理的实践活动中总结提炼出来的，反映了高等教育管理活动的特殊性规律和特点。确立高等教育管理原则，既要借鉴现代管理的一般理论，又要充分考虑高等教育管理的特殊背景；既要追求理论上的相对完备性，又要强调对实际工作的指导意义。尤其要分析各条原则是否涵盖以及在多大程度上涵盖整个高等教育管理领域，从而给高等教育管理原则以科学、客观、合乎逻辑的定位。下面从几个方面分析高等教育管理原则确立的依据。

1. 既要遵循一般管理活动的客观规律，又要遵循高等教育的客观规律

管理存在自身的规律，管理活动必须遵循这些规律。一般管理活动的规律就是管理各基本要素之间的内在的本质的联系和管理过程的逻辑关系。现代行政管理学的理论和方法就是对行政管理活动的一般规律的认识和反映。行政管理思想经历了工业管理、人际关系、结构主义等发展阶段。如今教育管理在不同场合、不同程度上借鉴了行政管理思想。例如，人际关系理论注意到员工的积极参与、满意、合作以及士气与团体的凝聚力，有可能使生产效率得到提高，这种思想也影响到教育行政管理人员寻找方法提高教师和学生的积极性和主动性，以期最大限度地发挥他们的创造力。

高等教育管理理论与方法虽然可以从一般管理理论中汲取经验，但其关键在于遵循高等教育的内在发展规律。与企业管理须顺应企业发展规律相似，高等教育管理须根据其独特的客观规律调节和协调各种关系，以确保高等教育的目标和任务得以有效实现。因此，深入理解和掌握高等教育的客观规律，是确立高等教育管理原则的基础。

高等教育的基本规律涵盖两个方面：一是高等教育必须与社会协调发展；二是需要与受教育者身心全面发展相适应。基于这两个规律，高等教育管理原则应合理设计，以避免管理与教育工作者之间的对立与冲突，从而提升管理效果。与一般的管理活动相比，高等教育活动存在一些特殊规律，它们构成了这门学科专门的研究领域，例如：经济效益与社会效益的关系、人才培养与科学研究的关系、学术管理与行政管理的关系等。高等教育管理原则的制定与人们对这些特殊规律的认同密切相

关。否则只根据一些一般的管理原则，如只是把从外国管理著作中抄来的理论套用到我国高等教育管理实践中；或者是生搬硬套经济领域的管理理论和原则，脱离高等教育的特点和规律，都不可能正确提出高等教育管理的基本原则。

2. 高等教育管理活动的特殊性

作为管理对象核心的人，高等学校与工厂不同。工厂管理者面对的是工人，工人生产的是没有意识的物品；高等教育管理者面对的是教师和学生。教师与工厂的工人有不同的特点，教师既是管理对象又是管理者，因为他们面对的是有意识的学生。学生不仅是教师塑造的"产品"，还是自我塑造的主体，因此也具有管理者的角色。为此，高等教育管理应该激发教师和学生的积极性和主动性，创造支持独立思考和自由发挥的环境和条件。

同时由于教师和学生都是脑力劳动者，高等教育管理过程以知识为中介，有大量的学术问题，所以要注意行政管理与学术管理的统一。这也是高等教育管理的特殊性。

3. 高等教育管理原则的系统性

高等教育管理原则是从事高等教育管理时应遵循的行为准则和基本要求。高等教育管理原则不应是随机的、零散的，而应构成一个系统，具有整体性、目的性和关联性。

高等教育管理原则体系的整体性在于各原则围绕怎样提高高等教育管理效率这一目标结合为一体，没有一条原则能脱离原则体系整体而存在。只有存在于原则体系中，每一条原则才有它的功能。而且原则体系的功能是以整体功能而论，而不以某一条原则的功能而论，原则体系的整体功能不等同于各条原则功能的简单相加。各条原则只有在原则体系整体功能目标即提高高等教育管理效率的指导下，以合理的方式相互联系在一起并充分发挥各自功能，才能保证原则体系整体功能的实现。

高等教育管理原则体系的目的性在于利用原则指导具体的高等教育管理实践活动，使管理活动更符合客观规律，从而提高高等教育管理效率。

高等教育管理原则体系的关联性是指涉及高等教育管理过程的各条原则应该相互依存、相互补充、相互制约。

（二）高等教育管理的基本原则

高等教育管理的基本原则应当全面反映其特点、本质与规律，并结合一般管理学原理。这些原则不仅在理论上完备，而且在实际操作中切实可行，能够覆盖整个高等教育管理活动，有效指导管理实践。根据前面对高等教育管理原则确立的依据分析，高等教育管理基本原则体系应该包括以下五个方面。

1. 高等教育管理的方向性原则

管理是一种有目的的活动，管理工作必然有方向。管理成效的大小，首先决定于方向是否正确。管理的核心在于实现特定的管理目标，这些目标决定了管理活动的方向和重点。在教育领域，特别是高等教育中，管理的目标必须与社会的政治经济需求相协调，以服务社会为导向。高等教育的本质是培养人才，不论社会性质如何，这一基本问题始终如一，是高等教育管理的关键方向。

新时期党和国家的教育方针是：教育必须为社会主义现代化建设服务，与生产劳动相结合，使受教育者成为德、智、体、美、劳等方面全面发展的社会主义建设者和接班人。这一方针明确规定了我国高等教育政治方向和服务方向、教育目的和实现教育目的的基本途径。

首先，要坚持社会主义的政治方向。高等教育管理在社会主义国家必须坚持社会主义政治方向。教育具有阶级性，必然受制于国家的政治经济制度和社会的生产关系。在社会主义国家，高等教育管理的使命是以社会主义意识形态教育影响学生，培养符合社会主义建设需要的建设者和接班人。要明确我国的高等教育是社会主义性质的，要为社会主义服务，坚持社会主义的政治方向。如果不首先明确我国高等教育的社会主义性质，那也就谈不上有正确的办学方向。坚持社会主义的政治方向，要有现实针对性。随着信息技术的发展，发达资本主义国家凭借技术优势，作为主要的信息输出国，控制着全球信息与通信的命脉，其音乐、电影、电视与软件几乎遍及全球。它们影响着几乎所有国家的审美观、日常生活和思想。所以我们要注意西方意识形态的渗透，注意国外敌对势力利用各种机会，对我国施行"西化""分化"的阴谋，坚持高等教育管理的社会主义政治方向。

其次，要坚持为社会主义经济建设服务。根据1985年通过的《中共中央关于教育体制改革的决定》，教育的服务范围包括为社会主义政治、经济和文化建设服务。在社会主义现代化建设中，高等教育的主要任务是培养符合社会主义经济建设需求的人才，这是高等教育服务方向的核心。

高等教育在社会主义国家必须同时坚持社会主义政治方向和经济建设服务方向。这两个方向互为补充，共同确定了高等教育的办学方向。政治方向决定了高等教育的社会性质和服务的社会主义性质，而服务方向则体现了为社会主义现代化建设培养所需人才的实际内容。

2. 高等教育管理的高效性原则

任何管理活动的根本目标都在于提升组织系统的效率和效益。在高等教育管理领域，高效性原则体现了管理的核心，要求在最少的资源投入下，实现教育体系的优化运作，培养出色的高级专业人才和高水平的研究成果。高等教育的效益不仅限于促进社会经济发展和精神文明建设，还包括提升劳动者素质、培养优秀人才，以及推动科技文化的全面进步。

管理者在追求经济效益的同时，也必须注重精神和社会效益。这意味着要坚持正确的办学方向，积极推进高等教育质量的全面提升。有效的管理不仅仅是在资源有限的情况下实现最大化效益，还应注重教育的长远影响和社会价值。通过优化管理策略和制定清晰的目标，管理者能够有效应对各种挑战和变化，推动高等教育机构朝着更加高效和可持续的方向发展。

高等教育的效益体现在多个方面：首先是通过提升劳动者的素质和技能，为社会经济发展提供强大的人才支持。其次是通过高水平的科研成果和创新活动，推动科技进步和文化繁荣。同时，高等教育还肩负着培养社会精英和领导者的重要责任，为国家的长远发展和全球竞争力做出贡献。

因此，高等教育管理者在实现经济效益的同时，应以提升教育质量和社会影响力为重要目标。通过建立科学的管理体系、创新的教育方法和有效的评估机制，不断优化教育资源配置和课程设置，以确保高等教育系统在全球化时代的竞争中保持领先地位。这种综合性的管理理念不仅关注于教育本身的有效性，更强调其对社会和文化进步的持续推动作用，从而实现高等教育系统的可持续发展和社会价值的最大化。

3. 高等教育管理的整体性原则

高等教育管理的整体性原则既受高等教育系统的整体性影响，也受培养高级专门人才的高等教育目标制约。这一原则可概括为：在科学组织各项工作时，以人才培养为核心，有效协调各方面工作，并充分考虑社会环境中各种因素的影响。

高等教育的根本任务是培养人才。培养人才不仅要组织好教学工作，还必须有思想教育工作、师资培养工作、科学研究工作、后勤管理工作等与之配合。除了培养人才的职能以外，高等学校还有开展科学研究的职能和直接为社会服务的职能。高等教育管理的目标和内容，不是单一的教育、教学活动的管理，而是包括教育、科学研究和直接为社会服务等活动的综合管理。而且不论是培养人才、开展科学研究和为社会服务，都与社会大系统紧密相关，都必须与社会经济、政治、科学文化相适应，因此必须把高等教育管理放在整个社会环境中来考虑。

高等教育管理要以培养人才为中心，各方面活动的开展都要服从于培养人才这个首要任务。就政府对高等教育的宏观管理来说，首先是要做好培养人才的决策和宏观控制，包括人才培养的预测规划、总体规模、发展速度、结构布局等，以及通过组织、计划、协调、立法、拨款、检查评估等手段，保证培养人才的数量和质量。就高等学校的管理来说，各部门的工作都要面向学生，教学和思想教育工作要遵循人才成长规律，科研、生产工作要与教学工作结合，后勤工作要为教学和科研服务，而不能各自为政，各行其是。

要处理好教学和科研的关系，使两者相互结合、相互促进。教学是高等学校培养人才的主要方式和基本途径。但是，不能把教学工作仅仅理解为课堂讲授。教学活动既包括通过课堂讲授使学生学到间接知识，也包括指导学生获得直接知识和掌握学习方法。因此，教学是一个多维度的过程，不仅仅是知识传授，还包括智力发展、能力培养和思想品德的塑造。在高等学校的教学实践中，将科学研究融入教学过程显得尤为重要。这种做法不仅为学生创造了全面发展智力的环境和条件，还通过让他们参与科研激发了他们的积极思维和创新精神。

科学研究在教学中的应用，使学生能有目的地学习理论知识以完成研究任务，从而在实践中培养多方面的能力。同时，这种参与也促进了学生养成严谨治学的态度和务实工作的风格，强化了团结合作的精神。教师通过与学生的信息交流，更深入地了解每个学生的需求和潜力，从而更好地因材施教，发挥学生的个性和主动性。

总体而言，科学研究与教学的结合不仅增强了教学的深度和广度，还为学生提供了更多实践和创新的机会，有助于他们在学术和个人发展上取得更大成就。

开展科学研究不仅有助于提升高等学校教师的学术水平，还能够丰富和更新教学内容，改进教学方法，进而持续提高教学质量。因此，科学研究与教学不应相互对立，而应相互融合、相互促进。教学向学生传授的知识是前人经验的总结，而科学研究则在此基础上不断探索和总结新知识，深化对世界规律的理解。

科学研究是对生产、阶级斗争和科学实验成果的理论系统化总结，为人们持续获取新知识和能力提供了理论基础。在这个意义上，科学研究是"源"，教学则是"流"，科学研究始终走在教学的前沿。尽管教师在教学中传授理论知识时不必每次都进行研究总结，但随着现代科技的迅速发展，高等学校的教师如果不通过科学研究及时了解和掌握学科及相关领域的最新动态，仅仰赖书本知识传授，将难以提升教育质量，培养适应现代科技发展和社会需求的优秀人才。

发展科学技术文化，也是高等学校的重要任务。随着现代科学技术日新月异的发展，高科技向现代生产力转化越来越快，高新技术产业在整个经济中的比重不断提高，科技在经济发展中的作用越来越大。21世纪是高新技术迅速发展的世纪，我国改革开放和现代化建设进入承前启后、继往开来的关键时期，国家的经济建设和社会发展比以往任何时候都要倚重于科技进步。在这种形势下，高等学校特别是重点大学的科学研究工作更应该大大加强。

直接为社会服务也是现代高等学校的一项重要社会职能。高等学校的培养人才、开展科学研究、为社会服务这三项职能是互相联系、相辅相成的。开展各种形式的社会服务，有利于加强学习与社会的联系，增进对社会需求的了解，增强主动适应经济发展和社会发展需要的能力；有利于高等学校的教学更好地理论联系实际，培养学生解决实际问题的能力，提高教学质量；有利于进一步发挥学校的潜力，充分调动教师职工的积极性和主动性，通过有偿服务，为学校筹集一部分资金，以弥补办学经费之不足，用以改善办学条件和师生员工的生活条件。但是高等学校必须以培养人才为中心。衡量学校工作的根本标准是培养人才的质量和数量，绝不能只看经济收益的多少，搞短期行为，而不顾教学质量和学术水平。因此，一定要处理好培养人才与直接为社会服务的关系，必须统筹兼顾，加强管理。对收益进行合理分配，有利于调动各方面，特别是在教学第一线工作的教师的积极性。

4. 高等教育管理的民主性原则

高等教育的发展与社会发展的适应性决定了其开放性系统的特征。历史证明，高等教育的重要使命在于追求科学和民主。科学的追求保证了高等学校在教学和科研方面的生命力，而民主的发扬则是实现科学追求的保障。高等教育管理的民主原则必须符合高等教育封闭与开放相统一的规律。要想成功管理既具封闭性又具开放性的高等学校，必须发挥民主精神，调动师生员工的积极性和创造性。因此，在高等教育和高等学校的重大决策过程中，民主精神是不可或缺的。

在高等教育管理中，民主性原则的重要性体现在广泛依赖教职工和学生的民主参与学校管理，以及动员社会力量参与高等教育管理方面。高等教育机构因其人才聚集和学术活跃而显得特别重要，因此，管理工作必须充分体现学术自由的特征。教学和科研活动本质上是学术性活动，必须保障充分的思想自由和民主制度。高等学府的教师和学生不仅是管理的客体，也是管理的主体。教师们从事高度学术性的教学和研究工作，依赖于内在动力进行独立思考和探索。教师的责任包括实施培养目标、设计教学计划和教学大纲，推动教学内容和方法的创新。同时，必须激发学生的积极性，让他们自主学习并参与学校管理。有效的高等学校管理离不开教师和学生的积极参与，尤其是在进行涉及学习和生活的重大决策时，重视听取他们的意见至关重要。充分调动教师和学生的积极性，增强他们对管理者的信任与理解，对提升管理效果具有重要意义。因此，实施民主管理不仅能够有效激发高等学府内部的创造力和活力，还能增强管理的透明度和决策的科学性。通过建立良好的沟通机制和民主决策体系，高等教育管理者能更好地应对内外部挑战，推动学术和管理的协同发展，为提高教育质量和履行社会责任奠定坚实基础。

高等学校工作的复杂性要求管理者充分调动广大教职工的积极性，共同管理学校。学校涉及多个专业、课程和各方面工作，具有极大的复杂性，任何一位领导者都不可能完全了解所有细节。因此，依靠集思广益的方式，尤其是在教学、科研、学科建设等重大决策上听取教授们的意见尤为重要。教授们作为各自领域的专家，在学术上具有权威性和影响力，他们的参与不仅有助于决策的正确性，还能获得师生员工的广泛支持和信任。教授们的言行对学生有深远影响，他们积极参与学校民主管理有助于培养学生的社会责任感。因此，有效管理一所大学需要依赖于教师们的专业知识和参与精神，通过共同努力来推动学校的发展和管理。

政府对高等教育的管理需要充分尊重专家学者的意见，赋予高等学校学术自由和办学自主权，避免过多行政干预。由于高等教育具有学术性强、专业学科门类多的特点，不同地区和学校有多样化需求，政府应处理好中央集权与地方分权的平衡，保障学校办学自主权，促进学校因地制宜、特色发展。政府在高等教育管理中的角色是进行宏观控制和协调，为学校创造良好环境和条件。通过财政支持、政策引导和法规约束，引导学校自主发展，同时确保决策制定、执行和评估过程民主化。这一民主性原则有助于提升高等教育管理的透明度和效率，使学校能够更好地适应和服务社会各方面的需求。

高等教育管理中的民主精神体现在充分让被管理者参与决策过程，通过集思广益提高决策的科学性和实际适用性。西方国家通过董事会、教授会、评议会或师生代表会等形式，使学校决策更加民主化。管理者应随时了解和掌握决策的执行情况，及时调整和改进执行方案，这需要秉公办事，尊重下属，虚心向他们请教。决策执行结果的评定也应贯彻民主原则，以激发决策者和执行者的工作热情，促进管理效益的提升。

5. 高等教育管理的动态性原则

管理是一种动态发展的活动，需要根据管理对象和环境的变化与发展来调整管理策略，以实现整体目标。特别是在我国经济转型期间，社会各个方面都在快速变化，这也促使高等教育必须进行深刻的改革，以适应并推动社会经济、文化和科技体制改革的需求。

高等教育作为社会技术系统，与外部环境密切互动，具有开放系统的特性。这意味着高等教育机构能够灵活调整内部子系统，以应对外部环境的变化和需求。管理活动与管理对象、环境之间的关系紧密相连，需要在保持相对稳定的管理秩序的同时，灵活应对变化和挑战。

随着科技的快速进步，社会对高等教育的需求也在不断演变。高等教育必须主动作为，积极适应经济和社会发展的需要。这包括持续进行改革创新，建立有效的机制来满足新的社会需求和挑战。例如，引入先进的教育技术，调整课程结构以适应市场需求，推动科技创新和文化传承等方面的改革都是必要的。

管理过程的动态性要求管理者具备敏锐的洞察力和灵活的应变能力。

他们需要通过与各界合作、开展前瞻性的战略规划以及持续的评估和调整，来确保高等教育的长远发展和持续竞争力。在这个过程中，高等教育管理不仅是实现内部有效运作的关键，更是推动整个社会进步和发展的重要力量。

因此，高等教育管理的核心在于在变革中求稳，在稳定中求进。通过有效的管理策略和灵活的应对措施，高等教育能够在不断变化的环境中保持灵活性和适应性，为培养优秀人才、推动科技进步和文化繁荣做出更大贡献。

高等教育管理的动态性原则是通过持续改革来主动适应经济和社会发展的需要。这一原则要求首先以发展的战略视角看待问题，认识到任何事物都是在变化中的，只有通过改革才能推动教育发展。其次，需要在变革与稳定之间取得平衡，继承并发扬高等教育的核心价值，避免墨守成规或过于急于变革，应持慎重态度进行改革。

高等教育管理的动态性，从根本上讲是由高等教育必须与社会的政治、经济、科技、文化的要求相适应这一基本规律决定的。由于社会是不断发展的，高等教育也必须随着社会的政治、经济、科技的发展不断地改革，以适应社会发展的需要。高等教育管理对象和外部条件的这些变化，管理工作中不断出现的新情况，需要不断地总结新经验，解决新问题。

以上五条原则是高等教育管理的基本原则，是普遍适用的。方向性原则反映了我国高等教育管理的性质，从根本上确立了社会主义高等教育发展的大方向，规范了高等教育的培养目标；高效性原则指出了管理工作的本质特点和根本要求；整体性原则反映了管理工作的基本要求；民主性原则贯穿高等教育管理活动始终，为高等教育管理活动顺利进行提供了良好的氛围，保证管理工作有重要的动力；动态性原则指出完善管理工作的根本途径。它们相互制约、相互促进，共同指导高等教育管理的全部活动，构成了一个完整的原则体系。在实际工作中，贯彻这些原则也常常是紧密联系、相辅相成的。

五、高等教育管理的特点

高等教育管理具备与其他行业不同的特点，下面将进行具体阐述。

（一）高等教育管理目标的特点

高等教育的首要任务是培养人才和促进科研成果，其学术性十分显著。正因如此，与其他管理相比，高等教育管理在目标设定上具有独特性。

高等教育管理的目标特点主要体现在以下几个方面。

第一，高等教育管理目标的核心在于实现高等教育的总体目标。高等教育的发展目标对高等教育管理目标有着重要的引导和调节作用。保障和提升人才培养的数量和质量是高等教育的核心目标。而高等教育管理目标则旨在最大化利用教育资源，确保组织内每位成员按照高等教育的规范行事，完成各自的职责，培养更多、更优秀的专业人才，创造更多、更优秀的科研成果，实现更好的教育效益。因此，制定高等教育管理目标必须以党和国家的教育方针政策为指导，以高等学校的教育目标为基础，这是其最主要的特征。这一特点要求高等学校的领导和相关管理人员在制定学校管理目标时，必须优先考虑如何通过有效的管理组织教育活动以实现教育目标。若在制定高等教育管理目标时忽略高等教育目标，便无法明确教育指导思想，导致高等教育管理失去方向。科学合理的高等教育管理目标也是实现高等教育管理和目标的重要保证。

第二，高等教育管理目标具有强烈的方向性，深受传统文化的影响。每项管理活动都具有明确的方向性，但由于高等教育的主要目标是人才培养，因此其方向性远比一般管理更为强烈。人才培养是有意识的活动，总是受特定政治理念和价值取向的支配。这种政治方向性在高等教育管理目标中占据重要地位。同时，高等教育始终要为经济和社会发展服务。教育具有长周期特征，为适应经济和社会发展需求，人才培养计划必须考虑其长周期性因素，提前进行布局。我国的高等教育管理目标必须明确体现和坚持社会主义方向。

第三，高等教育管理目标必须以社会效益为主导。与一般管理类似，高等教育管理的目标在于提高效率和获得更好的成果。然而，高等教育管理的根本目标是优化人才培养并提升人才质量。在衡量管理效果时，必须充分考虑高等教育人才培养和科研活动的特性；只有依赖这些活动的参与者，才能有效进行管理。必须调动教师和学生内在的积极性和主动性，以提升高等教育管理的效能。虽然高等教育管理也注重投资效益，但主要是指通过尽可能降低教育成本，完成尽可能多的事务。而不是单纯追求经济效益，更不以营利为目的。因此，在高等教育管理中，应统一社会效益和经济效益，将人才培养的数量和质量作为评估管理成效的主要标准。

（二）高等教育管理对象的特点

高等教育管理的核心对象是教师和学生，他们分别扮演着高等教育系统中的主导角色和主体成员。由于管理对象的独特性，这种管理方式与工厂企业的管理截然不同。

在工厂企业中，管理者主要面对的是工人，而工厂生产的产品是无意识的物质，可以被简单地操作和控制。在高等教育中，情况却截然不同。

首先，教师与工厂的工人有着显著的区别。教师是一群具备专业知识的知识群体，其管理需要考虑到他们的心理活动以及以个人脑力劳动为主的集体生活特征。教师不仅是管理对象，也是管理者。因为他们的工作对象是学生，而非工厂生产的物质产品。教师的绩效是通过学生的学习工作来体现的，这与工厂作业者通过自身工作表现绩效的方式大相径庭。

其次，学生与工厂生产的产品也有显著区别。作为高等教育管理的对象，学生通常年龄在十八岁以上，是已接受完全中等教育的青年。管理和协调学生的方式须考虑到他们身心发展阶段的特点。此外，学生具有自主意识和主观能动性，他们的主动参与对高等教育管理过程具有重要影响。学生不仅是教师塑造的学习成果，也是自身素质提升的参与者，积极参与自主学习和研究活动。从当前提倡加强学生自我管理的意义上看，学生亦是管理者。

（三）高等教育管理活动的特点

高等教育管理过程是一种以知识为核心的人际关系活动，需要有效协调学术目标与其他目标之间的矛盾，这决定了其管理活动具有一系列特征。

高等教育管理活动显著体现了其学术性。高等教育的主要职能包括知识传授、知识创新和知识应用。评估高等教育培养的各类专业人才和科技成果的质量主要考量学术水平和实际应用价值。因此，学术目标成为高等教育系统整体性质和基本功能的重要组成部分。管理者在高等教育管理活动中必须确保学术目标的主导地位，合理配置人力、财力和物力资源，以提升学科研究水平为配置依据。因此，在高等教育管理活动中，不仅有行政管理，还有大量的学术管理。

高等教育管理活动过程具有显著的人际交流特性。一般管理活动展现为人与人之间的关系，重视管理者与被管理者之间的双向交流，关注人的因素和行为。高等教育管理过程则涉及管理者、教师和学生之间复杂的三向交流。教师与学生之间的双向交流是培养人才的教育过程的核心。为了提高教育质量和达到良好的教学效果，教师需了解学生，激发其积极思维，促进其学习主动性。教师与学生之间的频繁交流促进双方共同进步。高等教育管理取得成效的关键在于重视人的因素。管理者需要与各学科专业的教师密切合作，与学生保持紧密联系，努力建立相互理解和支持的良好氛围。

高等教育管理活动过程具有综合复杂性。高等教育的根本任务是综合培养德、智、体、美、劳等多方面素质的人才。高等学校不仅要完成高层次人才培养的基本使命，还要开展科研活动，为社会提供服务，传播社会主义精神文明等多种社会职能。这些工作和职能相互交织、相互影响，构成了高等教育管理过程的复杂运行结构。管理者，特别是领导者在高等教育管理中需要善于调动各方面人员的积极性，依靠集体力量推动高质量的教育管理运行。同时，要灵活控制高等教育管理的运作过程，确保教育管理的有效实施。

（四）高等教育管理环境的特点

高等教育管理属于整个社会管理体系的一部分。因此，它不可避免地受到社会大系统中各种因素的影响和制约，这种制约程度比一般管理更为显著，还带有明确的意识形态成分。教育受到特定社会历史条件下经济、政治、科学文化等多方面的制约，同时也反过来为特定社会的经济、政治、科学文化发展提供服务，这种相互作用性尤为显著。高等学校管理乃至整个高等教育事业的管理，必然受到社会生产力、生产关系、经济基础和上层建筑的发展变化的影响。例如，高等教育管理体制、高校规模以及教育专业设置，都需根据国家在特定历史时期的经济、政治和文化状况来确定。除了物质环境，人文环境对高等教育的影响也至关重要。因此，必须将高等教育管理视为社会大系统的一个组成部分，作为其中的一个子系统来认知和管理，全面重视各种环境因素对高等教育管理的潜在影响。

六、高等教育管理相关理论

高等教育管理作为教育管理的一部分，需要明确自己的理论基础，即与某种思想理论相联系，以确立其基本方向。

（一）高等教育管理的管理思想

管理思想指的是关于管理的观点、观念或理论体系，它是管理理论和实践在人们头脑中的反映。管理思想对管理工作具有指导作用，随着人类社会及其管理活动的产生、发展而不断演变。高等教育管理属于教育管理范畴，其管理思想理应与教育管理思想类似，是一个复杂的理论课题。高等教育管理需要明确自己的理论前提，即与某种思想理论联系起来，以确立基本方向。从哲学层面来看，高等教育管理思想主要包括以下四个方面内容。

第一，运用相互联系的管理思想。高等教育管理是一种复杂的社会活动，它与社会、家庭和时代密切相关，大学生不是孤立于社会、与世隔绝的存在。因此，高等教育管理涉及社会、家庭及时代等多重因素的影响，同时也受到历史条件的制约。从微观层面上看，高等教育管理的各要素相互联系、相互制约，如管理与学习、管理与教育、管理与服务、管理过程与管理结果等，都是相互影响、相互制约的。

第二，运用动态平衡的管理思想。管理是一个动态发展的过程，受到政治、经济和文化等大环境的影响，同时也受到高校自身物力、财力及办学理念变化的影响。管理工作处在不断完善与发展之中，需要具备发展的眼光，勇于与时俱进，根据现实情况，展望未来，持续分析和研究新的情况，解决新的问题。

第三，运用对立统一的管理思想。高等教育管理活动中存在各种矛盾关系，需要运用对立统一的管理思想对这些问题和矛盾进行分析研究，并最终予以解决。例如：管理者与管理对象之间的矛盾；教育、服务与管理之间的矛盾；等等。

第四，运用实践探索的管理思想。实践是检验真理的唯一标准，也是正确认识的主要来源。高等教育管理是一门实践性很强的学科，具有很强的操作性。在开展高等教育管理工作时，必须具备实践意识，勇于探索创新，并将实践中形成的良好经验提升到理论的高度，以全面指导高等教育管理工作的新实践，不断推动高等教育管理水平的提升。

（二）高等教育管理的指导思想

现代管理科学理论被应用于指导高等教育管理，以推动其科学化。现代治校观念要求通过现代科学方法来有效管理学校和学生。具体而言，须注意以下两个方面。

第一，必须遵循教育的内部与外部规律。例如，高等教育的规模受制于特定的经济基础，反之亦然。作为高等教育的主要承载体和平台，高等院校的办学理念、体制、结构正面临新的调整和变革。高校须准确把握社会动态，积极面向市场办学，培养适应21世纪需求的高素质复合型人才。高等教育管理也必须研究新情况，解决新问题。

第二，需要运用现代管理科学的理论和方法进行管理，以确保学生管理体系的组织结构更加紧密，管理制度更加科学，人员分工更加合理，职责范围更加明确，奖惩更加分明，工作更加高效等。这样才可以更好地继承我国多年来在高等教育管理方面积累的成功经验。

新中国成立后，高校学生管理工作的成功经验是当今高等教育管理工作的宝贵财富。社会主义大学必须坚持中国共产党的领导，坚持社会主义方向。这是我国几十年来办大学的一条基本经验。坚持党的领导意味着将党的路线、方针、政策作为社会主义大学管理的基本指导思想，确保办学方向符合社会主义要求，调动全校师生员工的积极性，为培养全面发展的高级专业人才而努力。坚持社会主义方向是由我国大学的社会主义性质所决定的，所有管理工作都应根据党的路线、方针、政策来组织和实施。各项规章制度的制定都应有利于坚持"一个中心、两个基本点"，激发广大师生员工的积极性，这是衡量管理效果的核心要点。

运用现代管理科学指导高等教育管理的主要原则包括系统整体性、要素有效性、动态相关性、人的主动性、规律效应性、时空变化性、信息传递性以及控制反馈性等。在管理实践中，应力求实现管理组织的系统化、管理决策的科学化、管理方法的规范化和管理手段的现代化。

第二章　高等教育管理的改革与发展

近年来，我国高等教育经历了显著的改革和发展进程。在规模和结构上，高等教育得到了大幅扩展和优化，教育质量和效益也得到了显著提升。与此同时，高等教育管理体制改革持续深化，形成了以地方政府为主的中央与地方政府双层管理模式。然而，由于传统的管理观念和计划经济体制的惯性，这一新的管理模式在社会上的认同度不足。大学对社会和政府的依赖性有所增加，科层管理和行政控制依然是主要的管理方式。因此，高等教育的改革与发展仍面临挑战，需要不断探索创新，推动管理体制的进一步转型和优化，以适应社会发展的需求。

一、我国高等教育管理发展概况

我国高等教育管理发展历经数轮变革，不断完善与深化。进入21世纪，随着市场经济的深入发展，高等教育管理体制进一步迈向市场化、多元化，社会力量的参与日益增强。同时，高等教育管理的理念和方法也在不断革新。传统的以"管"为主的模式正在向服务化、民主化、科学化的方向转变。数字化管理、创新管理、开放性管理等新兴理念和技术手段逐渐引入高等教育管理实践，提高了管理效率，促进了教育资源的优化配置。然而，目前高校管理仍面临一些挑战，如管理观念相对滞后、管理方式单一、制度落实不到位等问题。随着科技和信息化的快速发展，高等教育管理为更好地适应时代的变迁和市场的需求，迫切需要完善。

（一）高等教育管理的发展

新中国成立初期，著名爱国人士马叙伦[①]被任命为首任教育部部长和中国高等教育部的部长。教育部成立后，马叙伦的首要任务之一是针对新中国成立前的高等学校提出具体的接管、接收、接办及初步改造方案，并在经政务院审查通过后实施。同时，他负责起草国家的教育法律法规，为中国高等教育的管理奠定了基本框架。这一阶段，中国的高等教育管理虽历经多次调整，但随着社会的进步，依法治教和依法治校逐步进入一个发展完善的阶段。

新中国成立后，高等教育体制建立在计划经济体制之下。高等教育的管理体制最初借鉴了苏联的模式，这在当时的国际背景和政权交替的情况下是不可避免的选择。可以说，中国高等教育的管理体制是与国家的政治和经济体制相适应的。

1952年至1953年，高等院校进行了院系调整，以便与当时的工业发展相协调。这一时期，高等教育主要分为本科和专科两级，并在1953年之后开始招收研究生，但结构相对单一。这一阶段，高等学校的管理体制主要实行国家行政管理体制，对高等教育自身特点的重视程度不足，这就导致后来的问题逐渐显现。但从另一个角度来说，这些问题的出现

---

① 马叙伦（1885年4月27日—1970年5月4日），浙江杭县（今杭州）人，现代学者、书法家、哲学家、政治家。中国民主促进会的主要缔造人和首位中央主席，中国民主同盟中央副主席。

也促进了高等教育管理模式的发展。

1958年后，高等学校数量大规模增加，高等教育结构也相应变化。办学形式开始规范化和多样化，如开始出现全日制和半工半读等，但数量增长与高等教育资源有限的矛盾尖锐凸显。学校数量增加和教育资源短缺导致教学质量下降，一些盲目扩张的学校不得不停止招生。到了1965年，高等学校数量调整至434所，学生总数也相应压缩，并对重点高等学校实行了"四定"[①]政策。

20世纪50年代末，国际形势突变，加之20世纪60年代我国开展"文化大革命"运动，在一定程度上阻碍了高等教育的发展。20世纪70年代，国家开始恢复高等学校入学考试制度，我国高等教育逐渐进入新的发展阶段。在这一阶段，全国高等教育自学考试得到发展，高校积极利用社会办学资源，改变了传统的办学模式，满足了不同社会层次的教育需求，开启了高等教育发展的新阶段。

经济水平和政治体制的限制使得我国高等教育结构多元化发展步伐缓慢。随着高等学校办学自主权改革和劳动力市场多元化，为解决地区间经济和教育发展不平衡问题，改变政府办学单一体制，建立多元开放的高等教育组织结构和管理体系成为主流趋势。这种转变不仅能适应社会和市场的多元需求，还能最大限度地开发和利用各种教育资源，形成多层次、多规格的高等教育管理模式，推动学历教育与职业教育并行、精英教育与大众教育共存，促进各类教育相互融通，实现高等教育结构的网络化。

随着改革开放，高等教育体制改革势在必行，因为现行体制效率低下。这种体制在很大程度上加强了政府对高等学校管理的控制，协调整个高等教育系统的运作。然而，在市场经济的制约下，高等教育系统没

---

① "四定"，即定规格、定任务、定方向、定专业。

有有效适应发展需求，缺乏制度创新的活力。改革中的问题显著大于改革的系统性，导致管理中的权力和信息不对称。因此，有必要从根本上调整政府与高等教育机构之间的关系，推动高等教育发展迈向更加自主的管理模式。

尽管高等学校的行政人员有责任全面执行政府或上级行政部门的政策，但各级行政人员的地位和关系并非静止不变。中国高等学校行政人员的特点不仅反映了一般科层制特征，还体现了具有中国特色的高等教育管理模式。通过长期观察高等学校行政人员的作用及其相互关系，可以进一步分析学校内部权力分配和行政与学术的关系。结合高等教育发展的普遍规律，可以理解这些因素对我国高等教育发展的制约作用。

在高等教育投资体制方面，政府长期以来一直是主要投资者，这也导致上下级隶属关系的形成。随着高等教育体制的推进，投资体制开始发生变化，投资主体多样化，一些民办高校开始兴起，但这样的变化并未引起足够的重视。如今，高等教育的内部管理体制延续了政府部门的行政管理模式，参照政府机构的行政设置管理相关活动。

（二）高等教育立法的发展

现代教育立法制度源于近代西方社会，其发展始于19世纪初期。这一时期，教育立法以学校为核心，其主要目的在于确保私立学校的教育自由，典型的例子有：英国于1862年制定的教育修正法案，美国于1789年制定的各州教育法，法国1848年宪法中有关教育部分的条文。

19世纪末至20世纪初，西方资本主义国家开始广泛推行教育立法，以强化对教育的管理和控制。其间，大量教育相关法律法规相继制定，例如：英国的《初等教育法》（1870年）和《教育法》（1918年），以及美国弗吉尼亚州的《教育法》（1870年）。

第二次世界大战结束后，教育立法进入了广泛推广和迅速发展的阶段，旨在使教育更主动地适应社会发展。教育立法开始深入各个教育领域，许多国家不仅从宪法角度明确规定教育的功能、制度、性质、形式及公民的受教育权利，还通过制定专门的教育法律补充宪法条款。例如，日本、美国、俄罗斯等国制定了教育基本法以及相关的学校教育法、社会教育法和教师教育法，形成了一个相互衔接、完整严密的教育法律体系。

新中国成立后，高等教育的立法经历了以下三个主要阶段：

第一阶段，即新中国成立初期，依据《中国人民政治协商会议共同纲领》和1954年新中国第一部宪法，教育部发布了一系列法规，包括各类学校暂行规定，参考其他国家的管理经验，逐步改革旧的教育体制，为新的体制奠定基础。这些法规在推动和促进新中国成立初期教育体制建设方面起到了重要作用。然而，此阶段并未出台独立的全面教育基本法，也没有完整的高等教育专业法律。

第二阶段，即高等教育大调整时期，受到当时经济发展的影响，并且为纠正外国经验中的错误，教育部陆续颁布相关法规和制度，总结新中国成立以来的教育得失，明确各级学校的工作方向，推动了教育的发展。

第三阶段，即高等教育立法迅速发展的阶段。自1980年以来，我国高等教育立法领域迎来春天，大量关于高等教育的法律条文相继出台，同时制定了大量地方性教育法规。这些法律法规的出现完善了我国高等教育立法体系，规范了高等教育的发展。

二、国外高等教育管理经验及启示

高等教育作为21世纪提升国民素质的关键途径和有效手段，已成为各国发展的核心议题。其中，高等教育的管理问题尤为重要，它涉及学校、政府和社会三者之间的复杂关系。我国在研究高等教育管理时，借鉴了西方的理论经验，特别是分析了国外高等教育管理的现状和特点，这对促进中国高等教育的发展具有重要意义。

（一）国外高等教育管理概述

不同国家的高等教育管理各不相同，下面选取美国和英国两个国家的高等教育管理情况进行简要概述。

1. 美国高等教育管理

美国拥有很多世界一流学府，高等教育体系相对完善，正因如此，美国吸引了世界各个国家的优秀人才，他们为美国各方面的发展提供了强大的智力支持。

美国的高等教育管理具备如下鲜明特点：

（1）自治性

美国高等教育的一大特点就是美国高校拥有高度的小学自治性。对美国的科研创新和科学技术产业化来说，这一特点起到的作用尤其重要。英国崇尚大学自治和学术自由，德国坚持教学与科研并重，而这两个国家的高等教育深深地影响着美国的高等教育。同时，美国是移民国家，传统约束力比较少，因此，美国的办学自治性要高于英国。

（2）科学化

从宏观上来说，美国高等教育的管理是控制办学规模、制定教育政策等。那么，从微观上来说，美国的高等教育管理则是对招生、保险和日常事务的管理等。美国在微观的管理上一般是规则管理和个案管理相结合。它会制定比较严格的制度，对教师以及学生的各种行为加以约束；同时，它也不会忽视学生的个性发展，每个学生都有各自的特点，它会针对这些特点对学生进行个性化管理。例如，像选课这种活动一般情况下都是在网上进行；也会规定好指标，按照教师的达成情况科学地对教师的教学活动和科研活动进行评价。科研人员的作息时间一般都不是很有规律，因此它也不会严格规定科研人员的作息时间，但是也制定了相关制度，对员工的业绩做每周一次的检查，对员工工作的评价也一同进行。除此之外，在管理过程中，人与人的交流也是十分重要的，这能保证对某些问题进行有效的个性化处理。

（3）社会性

美国对高等教育社会性的重视在很大程度上推动了美国高等教育的发展，并且发展到了世界领先水平。传统的高等教育注重的是学校自治、教师自主和学术自由。这些对高等教育的发展既起到了积极作用，又起到了消极作用，它们容易使学校变得更加封闭，甚至脱离社会实践。高校是很多知识型人才集中的地方，它拥有最先进的研究设备，因此，高等教育应该承担一定的社会责任，为社会的向前发展做出应有的贡献。美国虽然重视科研结果在产业上的应用，但是也没有忽视对基础科学的研究。单从每年的诺贝尔奖来看，美国的基础科学研究一直处在世界领先水平，为美国的强大贡献了一份力量。在美国，大学生除了在学校学习书本中的知识以外，还会参加很多的社会活动，并且能够在社会实践中应用所学知识，这也体现了美国重视高等教育的社会性这一特点。

（4）多样性

美国高等教育的多样性特点主要表现在办学层次的多样性、办学类型的多样性、受教育者的多样性以及毕业标准的多样性这四个方面：①办学层次的多样性。在美国设有初级学院（也称为社区学院）和综合性大学这两种主要的高等教育机构，它们的办学层次是不同的，可以满足不同的学生的教育需求。比如，初级学院主要是培养学生学习实用技术；而综合性大学主要培养的是高端科技人才、研究人才等，而且还可以颁发博士学位。②办学类型的多样性。在中国是公立院校比较多，而且教育水平也相对较高。而美国与中国不同，它的私立院校多于公立院校，而且私立院校的教育经费十分充足，往往具有比公立院校更高的教育水平和科研水平等。著名的哈佛大学就是私立院校的典型代表。③受教育者的多样性。众所周知，美国是移民国家，而且优秀的教育水平也吸引各地学生去它们的高校深造，所以在美国高校接受教育的有各种肤色的民众。此外，美国经济比较困难的学生可以直接向政府申请资助，这也增加了经济困难的学生的受教育机会，因此，美国的受教育者既有富人又有比较贫穷的人。当然，身体不健全的残疾人士也有接受高等教育的机会和权利。④毕业标准的多样性。在美国，可以实行学分制或者非学分制。大部分的高校会选择学分制，但是进大学容易，毕业很难，属于典型的宽进严出，这与中国恰恰相反。美国高校的学生要获得学位的话就得拿到足够的学分，但是学分是很不容易拿的。因此，美国本科生的毕业率十分低，研究生毕业率也不高。个别选择非学分制的高校一般会根据学生的实际需要开展继续教育或者休闲教育等。

（5）人文关怀

美国的高等教育管理十分注重人文关怀。美国指定的21条学校教育系统评估准则就包括谦恭有礼；已所不欲，勿施于人；等等，这也体现了人文关怀这一点。学校的教育内容也是大到授予学位，小到了解学生的心声。它们将教育教学与管理有机地结合起来，在学校设有专门的咨询团开展非学术的咨询活动，当学生在心理或者生活等方面遇到问题时，这些咨询团的专家会负责帮助学生解决问题。此外，还会有精神或法律等方面的专家，定期评议学生的心理、思想等。这样做的目的就是让学生拥有健全的人格。在管理制度方面，学校的各种制度也都十分清晰、规范，使学生们能够更明了地掌握。以上这些都表现出了美国高等教育管理的人文关怀特点。

2. 英国高等教育管理

英国高等教育管理随着高等教育改革的深入发展，出现了很多新的发展趋势。在英国，政府与高等教育之间的关系也发生了些许变化，高等教育的整体结构、管理以及它的资源基础等也随之发生了变化。

（1）坚持大学自治和学术自由

中世纪以来，英国大学坚持大学自治和学术自由。尽管政府加强了对高等教育的管理，但仍保持宏观管理的原则，不干涉日常事务，学校享有较大独立自主权。

大学自治和学术自由是大学与其他机构的根本区别，并为学术研究和创新提供了重要条件。英国高等教育的独立自主权源于其特定的社会文化，强调给予学校充分的自主权，让其自行处理事务，除非出现明显偏差，否则政府不应干涉。这种方式被认为是最有效的学习途径和符合民主社会要求的管理方式。

（2）加强对高等教育的控制和管理

在现代化发展进程中，随着经济全球化、政治民主化和教育国际化趋势的日益明显，各国的高等教育管理也呈现出分权与集权交替的特点。英国政府自1919年成立大学拨款委员会以来，逐步加强了对大学的干预。虽然传统观念中完全自治的大学理念依然存在，但由于大学在资金上难以完全自给自足，因此完全自治的状态难以实现。

英国政府通过制定高等教育发展政策和成立高等教育基金委员会，不断加强对高等教育的管理和控制。这些措施旨在确保高等教育系统能够更好地适应国家发展战略和社会需求。随着时间的推移，管理大学的权力逐渐向政府集中，政府在高等教育管理中的角色变得更加突出和重要。

通过高等教育基金委员会等机构，政府在资金分配和政策制定上发挥主导作用。这种集权管理模式使得政府能够更有效地指导和监督高等教育的发展，确保其与国家整体发展战略保持一致，同时提高资源配置的效率。

然而，集权管理也面临挑战。大学作为知识生产和创新的重要场所，其自主权和学术自由在集权管理模式下可能受到限制。因此，如何在集权与分权之间找到平衡点，使大学既能享有必要的自主权，又能在国家政策的指导下健康发展，成为高等教育管理中的重要课题。

总的来说，英国政府通过政策和资金的控制，加强了对大学的干预和管理。这一过程体现了现代高等教育管理在全球化背景下的复杂性和多样性。

（3）推行市场化管理模式

市场化指的是根据市场运行机制和规则对资源进行配置，而高等教育管理的市场化则是按照市场需求合理分配教育资源。现代高等教育已融入竞争性和服务性等市场要素，这对大学的发展产生了深远影响。英国教育管理的市场化改革主要体现于以下几个方面：

在招生方面，英国政府鼓励大学扩大招生规模，以推动大学参与市场竞争。招生数量与经费挂钩的政策促使大学增加招生人数，从而增强竞争力。然而，这也带来了一些负面效应，如资源分配不均和教育质量参差不齐。因此，政府采取了限制措施，以平衡招生数量和教育质量。

在经费方面，分配体现了市场化原则。为确保公平竞争，英国政府将教育经费分为核心部分和边际部分。核心部分是固定的，保证基本运作资金，而边际部分则与额外招生人数、教育质量和研究成果挂钩。这种分配方式鼓励大学提高教学和研究质量。此外，政府还鼓励大学通过外部渠道获取经费，并提供匹配资金，激发大学的自主性和创新能力。

在教师聘任方面，市场化改革推动了教师管理制度的变革。传统的终身制逐渐被取消，取而代之的是临时性研究人员和教师的聘任，这种灵活的制度有助于提高教学和研究的活力。同时，由非高等教育界人士组成的大学基金会负责管理拨款，加强了外部监督和管理，提高了资金使用的透明度和效率。

虽然市场化是英国高等教育管理的重要特征，但这并不意味着完全放任自由市场的运行。为防止市场失灵带来的负面影响，英国政府通过多种手段进行宏观管理。例如，制定相关政策和法规，对教育质量进行监督和评估，以确保教育资源的合理配置和使用。此外，政府通过财政支持和政策引导，促进教育公平和社会稳定。

总体而言，市场化在英国高等教育管理中发挥了重要作用，通过引入市场机制，提高了教育资源利用效率和大学的竞争力。然而，政府在市场化过程中始终保持宏观调控，以避免市场失灵，确保高等教育的可持续发展和公平性。这种平衡策略不仅推动了英国高等教育的进步，也为其他国家提供了有益的借鉴。

（4）三方监督系统

三方监督系统主要依靠三大支柱：资金、立法和评估。英国政府不直接参与各大学的内部事务，而是通过这一系统监督并确保高等教育机构的质量和进展。

①资金：英国政府通过分配高等教育资金来加强其监管控制。通常，政府会设计各种与社会发展需求相一致的研究项目，促使大学争夺这些资金。这一竞争过程引导高等教育朝着政府所期望的目标前进。英国政府通过分配高等教育资金来加强其监管控制。通常，政府会设计各种与社会发展需求相一致的研究项目，促使大学争夺这些资金。这一竞争过程引导高等教育朝着政府所期望的目标前进。尤其在削减经费的时候，这种发展趋势会更加地明显。英国政府曾经尝试用这种小规模的经济刺激来控制高等教育系统。随着社会的发展和国际形势的变化，政府会继续为大学划拨教育经费的主要部分，而且会不断扩大教育经费投入额度。

这样做的目的就是使大学的经费保持在一个相对稳定的状态，使大学增加科研项目、提高科研质量。

②立法：英国奉行依法治国、依法治教的理念，早在剑桥大学和牛津大学停滞不前时，英国政府通过皇家委员会调查并颁布《剑桥法》和《牛津法》，显示了政府依法管理教育的决心。二战后，英国继续颁布多部与高等教育相关的法律，推动了高等教育的发展。数百年来，英国通过发布大量教育法规和文件，体现了其通过立法手段对高等教育进行有效调控的坚持。

③评估：评估是确保教育质量的重要手段。英国的高等教育评估体系相对完善，并显著提升了教育质量。主要评估方式包括高校内部自我评估、高等教育基金会评估、高等教育质量委员会的质量审核和社会评估。1997年，高等教育基金会和高等教育质量委员会合并成立了英国高等教育质量保证署。评估结果对政府经费和学校声誉有影响，因此各高校非常重视。尽管政府有时会采取其他调控手段，但使用频率较低。

总而言之，尽管有些学者会批评这种体系，但是具有完善的三位一体监控体系依然是英国高等教育管理的特点之一。

（5）社会团体参与高等教育管理

在英国，多种教师联合会和其他教育委员会对高等教育的发展有重要影响。这些机构不仅在教育改革中提出意见，还为教师等教育工作者争取利益，并在一定程度上影响高等教育管理。

上述的这几项是英国高等教育管理中的几个主要的特点。这几个特点是与英国的历史、政治、经济以及传统文化相适应的，随着经济全球化和教育国际化的不断推进，每个国家的高等教育发展都会受到其他国家的影响。因此，英国高等教育管理的经验及特点对我国的高等教育管理改革有一定的借鉴意义。

（二）国外高等教育管理启示

国外高等教育管理的先进经验为我国提供了深刻的启示。一方面，国外高校注重自治与自由的学术环境构建，鼓励师生开展创新性的研究和学习，这种氛围的营造有助于培养具有高度创新思维和实践能力的人才。另一方面，国外高等教育管理体系在资源配置、教学质量监控和评价体系等方面也展现出较高的效率和专业性，通过科学的管理机制和严谨的质量标准，确保了教育教学的质量和效果。此外，国际交流与合作也是国外高等教育管理的重要特点，跨国教育项目和合作研究，不仅拓宽了学生的国际视野，也提升了教育的国际竞争力。这些启示对于我国高等教育管理的改革与发展具有重要的借鉴意义。

1. 完善管理体制

在中国的高等教育管理中，应明确各级政府职能，推行简政放权，避免过度干预学校事务。政府应提供支持和服务，同时将必要的管理权下放给高校，以激发其办学积极性和主动性，使其成为真正能够自主办学的法人实体。这种扩大高校办学自主权的做法不是放任，而是在政府宏观调控下，赋予高校相对自由的事务处理权力。

2. 转变管理方式

中国高等教育的管理方式也应该进行适当转变，信息化管理手段也应该进一步提升。在我国的高等教育管理过程中，高校的行政领导、教师等教职工一直处于被动地位，始终是听从上级管理，服从上级命令。高等教育要想得到更好的发展，就必须转变这种管理者为主导的管理模式，应该将集中管理模式转变成民主管理模式。在管理实践中，应该利用各种方法或手段，如工会等民主管理的组织形式，使教职工积极参与到教育教学管理活动中，并且充分发挥作用，使广大教职工的利益诉求得到解决，进而加快教育管理目标的实现速度，促进教育管理政策的有效实施。与此同时，人的感情因素也是不能忽视的，要让教职工从内心感觉到自己的主体作用得到了发挥。

在信息化时代，互联网技术的飞速发展显著提升了各行业的管理效率，包括高等教育管理。中国的高校通常分为教育部直属和地方管辖两种类型。新加坡的信息化管理模式为我们提供了重要的借鉴。因此，中央和地方政府应该支持高校建设外部信息化环境，同时鼓励建立内部信息管理系统。利用互联网技术，建立高校信息管理系统能够及时发布政策和管理规定，促进管理者与师生之间的沟通，提升高校教育管理效率。

3. 创新管理理念

（1）以人为本的理念

教育是面向社会、面向所有人的事业，其中高等教育还肩负着促进民族发展、提高国民素质的重任。因此，高等教育更应该坚持以人为本的管理理念。在高等教育管理中，最重要的一步就是要肯定受教育者的主体地位、突出受教育者的主体价值。受教育者归根结底都是社会人，以人为本的理念就是要求高等教育管理要站在人的立场，从人的角度上去思考问题、做出实际行动。此外，该理念还要求人人共享教育资源，人人参与教育发展过程，使每个活动的参与者都能从高等教育中受益，让每个人都对这种教育的发展前景有所向往。只有符合这些要求，才能培养出更和谐的人，进而促进社会和自然的和谐发展。

（2）社会化理念

教育是一种非营利性事业，属于社会公共领域，直接涉及社会的公共利益。因此，教育领域的问题应该接受民众的监督和参与。中国的高等教育正朝着大众化发展，随着教育规模的扩张，管理活动不应仅限于国家政府和学校，而应开放给社会其他力量参与。这包括建立董事会、设立民间评估机构，以及利用网络平台开展公众讨论，集思广益，共同为高等教育的发展和管理提供建议和支持。

（3）市场化理念

英美等国家将市场管理机制引入了高等教育管理，而且表现十分突出，这也给了中国一些启示。在中国，如果也引入市场化管理理念，无疑会使高等教育更具竞争性和选择性。例如，政府可以在控制市场的形成和运行的前提下，将一些竞争机制引入高等学校的管理中。比如：可以采取教师聘任制，这可以激发教师教学的积极性和主动性；还可以采取人才流动制，这可以充分发挥人才的服务效能；等等。这些都是为了使高校在保持现有活力的基础上，进一步增强活力，从而更好地适应社会的各种要求，培养出更多的可以满足社会发展需要的人才，最终形成一个开放且成熟的高等教育市场。此外，关于专业和课程设置等方面也应该引入竞争机制，要使专业和课程更能迎合市场的需求，在必要的时候应该积极地进行调整。

4. 提高管理队伍素质

一方面，中国的高校教育管理者应该更新理念、增加才干，要勇于打破传统，在继承的基础上进行创新，摒弃传统高等教育管理中的弊端，紧跟时代潮流，及时更新管理知识，快速成长为符合时代要求的优秀的高等教育管理者。

另一方面，高校还应该加强建设高等教育管理人员队伍。首先，在引进人才时要综合了解人才各方面的知识和技能的掌握情况。比如，该人员是否具备基本的高等学校教育管理知识，是否掌握了基本的计算机技术，能否熟练应用计算机技术等。其次，对于现有的教育管理人员，各个高校应该注重培养他们的管理能力，努力提高他们的综合素质，可以针对他们的工作岗位，定期组织培训，以便他们更新自己的知识，拓宽自己的技能领域。

在这个经济全球化的时代，每个国家的各个领域的竞争都愈发激烈，各个国家都将培养人才列为国家发展的重点工作。高等教育对一个国家的前途的影响也越来越大，因此，借鉴其他国家的先进教育经验，取长补短，会促进我国教育的发展，更有利于我国提高国际竞争力。

三、发展高等教育管理的必要性

随着社会的快速发展和科技的日新月异，高等教育在培养创新型人才、推动科技进步和引领社会发展方面的作用日益凸显，而高效、科学的高等教育管理体系则是保障高等教育质量、促进高校内涵式发展的关键因素。可以说，加强高等教育管理的发展，是新时代高等教育事业发展的必然要求。

（一）为适应全球化趋势

自20世纪末以来，全球化成为一场重大变革，给全球社会各个领域带来深远影响，引起了广泛关注。各国通过国际教育交流、科研合作、跨国办学以及扩大留学生规模等途径，致力于提升本国高等教育的国际竞争力，竞争全球人才资源，并调整高等教育发展战略，以在全球教育市场中扮演重要角色。

全球化加速了商品、资本、劳动力、服务和信息的国际流动，显著改变了传统产业结构，推动了高知识含量和高附加值产业的发展。这一新经济模式不再依赖于廉价劳动力和低成本制造业，而是要求各国高等教育系统提升人力资源质量和适应性。随着经济的网络化和知识化，劳动力需求和技能要求被重新定义，促使高等教育系统进行根本性改革。

各国政府因此将人力资源发展置于重要位置，通过高等教育培养具备创新能力、国际竞争力和适应变化的人才。这些人才不仅支持国家经济向高端产业和服务业转型，还在国际经济竞争中发挥关键作用。因此，高等教育不再仅是知识传授的场所，而是国家经济发展战略中不可或缺的组成部分，其质量和效果直接影响国家在全球经济中的竞争地位和发展潜力。

在当前以高知识含量和高附加值生产体系为主导的经济环境中，高等教育的普及化成为一项紧迫的需求。社会对劳动者技能不断提高的期望日益增长，这包括适应快速变化的工作环境、处理信息、展现社交技能、进行团队合作以及解决新问题的能力。传统的高等教育模式和大学学习方式面临新的挑战，尽管大学依然是知识传授与学习的核心场所，但学习的本质已经发生了变化。不再仅仅是获取现成知识，学习现在更注重于创造知识和应对未知挑战的能力。考虑到知识的指数增长，大学教育的关键在于教导学生有效的学习方法，包括重新定义职业所需的技能、获取和应用相关知识的能力，以应对未来不断变化的社会和经济环境。

经济全球化的趋势显著改变了劳动市场的景观，制造业规模减少，而白领阶层则显著增加，服务业在经济结构中的地位日益重要。服务业的核心在于满足客户需求，其管理方式随任务类型和客户类型的变化而灵活调整。员工必须不断学习新的知识和技能，以应对快速变化的工作要求。随着服务业结构的变化，传统的"固定工作"观念已不再适用，人们频繁更换岗位甚至职业。因此，就业能力不仅仅意味着找到工作，更重要的是具备维持和适应不断变化工作环境的能力，这使得终身学习成为迫切的需求。高等教育需要为各种职业培养具备灵活适应能力的人才，为未来工作和职业变动提供坚实的基础和支持。

全球经济竞争限制了国家教育经费支出，促使国家寻找其他资金来源以满足扩大的高等教育需求。政府引入市场机制，鼓励私立教育发展，并通过增加招生和调整院校结构来提高教育资源的效率和效益。同时，国家赋予高等院校更多权力的同时，也要求它们分担更多教育经费的责任。

在文化层面，全球化以其电子通信系统为支撑，推动了全球虚拟社区的形成，使得不同社会群体的兴趣、政府政策和商业策略得以快速传播，深化了世界文化的交流和融合。在这个过程中，文化的多样性显得格外丰富和复杂，对高等教育的影响也变得更加深远和显著。

高等教育不仅仅是知识的传递和学术技能的培养，更重要的是其在塑造学生全球视野和跨文化交流能力方面的作用。全球化时代，学生不再仅仅需要掌握本国的文化和价值观，还需具备理解和尊重其他文化的能力。然而，文化传统与现代高等教育的需求之间存在时常不一致的情况，如中国传统教育观念在追求创新和多样化教育时所面临的挑战。

在面对全球化带来的挑战时，高等教育机构需要采取一种兼容并包的策略。这意味着既要尊重和保护本国的文化传统，又要开放包容，积极吸收和融合来自全球不同文化的优秀元素。通过这种方式，高等教育可以培养出具有国际竞争力和全球视野的毕业生，他们能够在跨文化的背景下自如地工作和生活，推动世界文化的进一步融合与发展。

全球化是一场全面的历史性变革，对政治、经济和文化都产生了深远影响，重新定义了国家、社会和高等教育之间的关系。在政治方面，引发了国家和高等教育角色的重新定位；在经济方面，凸显了市场在高等教育中的重要性；在文化方面，唤起了公民的自由意识和反思意识，推动了兼容并包的高等教育环境的形成。尽管各国受到全球化的普遍影响，但由于政治、经济和文化的差异，各国对全球化的回应方式各异。因此，高等教育改革需要灵活应对，不能一刀切，这是高等教育研究者应该认识到的现实。

（二）受知识经济与市场经济发展的驱动

知识经济的兴起不仅引领经济转型，更深刻地影响了人类的价值观、思维方式以及生产生活方式，同时也全面冲击了高等教育。以知识为核心、信息化和网络化为基础的知识经济模式，强调创新和人才，支撑高科技产业的发展。高等教育不仅是知识经济的孵化器，也是其发展的推动者；而知识经济的进步则促进了高等教育的革新与进步。两者相互依存，通过创新推动社会进步和经济繁荣。

知识经济对我国高等教育的影响是全面的，既带来机遇也提出挑战。具体体现在以下五个方面：

一是知识经济和经济智慧的兴起极大地强调了高等教育的角色。在这种经济中，知识与社会经济进步、个人繁荣和社会地位密切交织。竞争现在围绕创新和有效应用信息展开，无论是在国家层面还是个人层面。因此，高等教育已经成为国家发展战略的核心组成部分，知识日益塑造个人成长。研究表明，具备高级知识的个人往往在研究、金融和计算等高声望领域表现突出，从而为职业发展开辟了道路。教育上的差异也加剧了收入不平等的扩大。

二是高等教育大众化和国际化趋势显现。知识经济激发了社会对知识和人才的需求，加快了高等教育大众化进程。

三是高教、科技、经济一体化和终身学习趋势扩展了高等教育功能。这包括时间上的扩展，从阶段性教学转向终身性教学；空间上的扩展，从封闭走向开放；内容上的扩充，集知识创造、处理和应用于一体。高校与企业合作建立了许多技术开发中心，广泛参与社会经济活动。

四是综合化和信息化趋势深化了高等教育改革。知识经济要求人才具有广博知识和综合能力，高等教育需要调整学科结构、专业和课程设置，改革教学和考试方法。信息化趋势推动教育技术、教育观念、体制和模式的全方位变革。

五是产业化和社会化趋势优化了高等教育环境。高等教育布局和专业结构调整、招生规模扩大，提高了办学效益。知识经济积累的财富为高等教育发展提供了经费保障，社会对高等教育的支持也日益广泛。

与此同时，知识经济对我国高等教育的发展也提出了一系列挑战：

一是国际竞争加剧对高等教育培养目标的挑战。知识经济对人才素质要求高，传统培养方式面临严峻挑战。

二是知识综合化对高等教育人才培养模式的挑战。知识经济社会需要具备广博知识和综合能力的通才，传统专才培养模式不再适应。

三是功能迅速扩张对高等教育体制的挑战。高等教育承担多种社会功能，体制需调整以激发人的积极性和创造性。

四是网络自由传输对高校德育的挑战。网络信息传播自由度增加，影响大学生价值观，德育工作变得更加复杂和重要。

五是教育资源共享对高等教育市场的挑战。全球范围内对优秀人才和学生资源的争夺日益激烈，影响我国高等教育的资源配置和市场拓展。

总之，知识经济条件下，高校德育工作将愈来愈重要，也将愈来愈复杂，可以预料到，21世纪的高校生源争夺将会更加激烈。

（三）受新公共管理体制的冲击

市场经济与高等教育相互影响，彼此渗透。市场经济制约高等教育，而高等教育服务市场经济，二者构成供需关系。高等教育的发展必须适应市场经济的规律，其体制改革也需应对市场经济的挑战。

经济基础决定上层建筑，高等教育作为上层建筑的重要组成部分，受制于社会的经济、政治和文化，并为其服务。因此，市场经济对高等教育的影响具有必然性。我国从计划经济转向市场经济后，高等教育无法独立于市场经济，必然受到影响。

市场经济冲击了高等教育的原有机制，为其提供了改革的动力，促使其加快改革步伐。这体现了市场经济对高等教育的长期影响，也是其本质所在。

市场经济对高等教育的积极影响主要有以下几点：

第一，提供良好的社会环境。市场经济的发展提升了社会生产力和综合国力，为高等教育的发展创造了良好条件。多种所有制形式的存在促进了多样化的高等教育发展模式，适应人们接受高等教育的需求，形成国家与社会、个人共同办学的格局。

第二，注入新的改革活力。市场经济的发展加快了经济建设和社会发展的速度，对高层次专门人才的需求迅速增加。人们生活水平提高，接受高等教育的需求也随之增加，为高等教育改革与发展注入新的活力。

第三，促进观念变革。市场体制的开放、创新、竞争、信息、时间和效益观念渗透到高等教育中，促使高校管理体制、办学机制、招生和就业制度、教育结构和教学内容等方面发生变化。

第四，提供广阔的社会实践领域。市场经济体制有利于高校根据市场需求确立人才培养目标，调整专业设置，改革教学方法，建立竞争和效率机制，缩短知识转化为生产力的周期，促进科研成果的转化。

然而，市场经济的缺点如本位性、盲目性、自发性等对高等教育也有负面影响，导致教育目的模糊、教育规律难以遵循、师资队伍不稳定、教育价值取向偏颇等问题。

在市场经济条件下，高校不可避免地受到市场的调节。

市场调节高等教育的优点包括：①敏捷反应社会需求：市场调节使高校对社会需求的反应更敏感，促进自主招生和专业设置合理化。高校根据市场信号及时调整活动以求生存和发展。②促进高校特色发展：市场调节促使高校形成自身特色，以满足用户需求。各院校努力建立自己的特色，而不是被动接受统一模式。③增强市场主体意识：高校受市场竞争机制影响，需要改革创新以在竞争中取胜。

社会主义市场经济的完善和发展，对高校管理体制的改革提出了如下新要求：①培养市场需求的人才：高等教育应面向市场需求，既需培养有文化、懂技术、业务熟练的劳动者，也需培养现代科技和管理知识的管理人员。②调整培养目标和教育内容：教育要适应市场经济的开放性、竞争性、创新性和法治性，培养具有宽广知识视野和创新能力的人才。③建立现代大学制度：高等教育管理体制需与市场经济体制相适应，建立具有中国特色的现代大学制度，以有效配置教育资源。

总而言之，市场经济已经成为我国经济发展的主旋律，高等教育作为社会有机体，无法避免市场经济的影响，因此需要积极适应市场经济的要求，推动自身改革和发展。

四、高等教育管理改革理论与观念创新

高等教育管理体制改革是中国政治体制变革的一部分，也是高等教育发展的必然。但管理改革是一个复杂的过程，不仅需要制度创新，还需要实践推动。管理改革实践要求对管理理念进行创新，这是推动管理体制改革的关键。

（一）准确认识高等教育事业和高等学校的性质

高等教育作为文化领域重要组成部分的发展具有独特的逻辑和规律。传统上，高等教育不仅仅是知识传授的场所，更是文化传承和社会发展的重要力量。然而，随着现代社会主义市场经济的演进，高校面临着前所未有的挑战和机遇。在多元化的投资主体和资源筹集途径的背景下，高等教育的管理体制和运作方式必须适应新的需求和现实，不能简单套用传统政治经济管理的模式。

高等教育管理体制的改革需要深刻理解其本质和独特性。现代大学制度的建设强调以学术为中心的管理理念，这意味着高校的首要任务是人才培养和学术研究的推进。为了实现这一目标，管理者必须平衡学术权力与行政权力，确保学术自由和创新能够充分发挥作用，同时有效地服务于国家和社会的需求。

在面对多元化投资主体的情况下，高校需要灵活应对不同来源的资金和资源。这可能包括政府拨款、私人捐赠、产业合作以及国际合作项目等多样化的筹资途径。管理者需要制定清晰的战略，确保这些资金能够有效地投入到教育质量的提升、基础设施的建设以及科研创新的支持中去。

此外，高等教育的现代化管理还需要关注学术和行政的协调与合作。学术界的独立性和行政管理的效率必须在制度设计中得到平衡，以促进高校内部的良好运作和发展。管理者应该倡导开放的管理理念，鼓励教师和学生参与到决策过程中，确保决策的民主性和透明性。

（二）用现代管理科学创新传统的管理观念

现代中国大学的演变可以追溯到洋务运动，其承担了捍卫国家安全、促进国家繁荣和振兴等重要责任。因此，这些机构具有明显的政治和民族重要性，并受到政府严格的监管。深受中央集权文化影响，中国高等教育历来倾向于"官本位"的方式，缺乏自主性和表达利益的机制，这阻碍了大学改革和独立运作的热情。

随着高等教育的扩展和大学规模的增大，有效的资源管理需要在政府监督和内部行政自治之间找到平衡。然而，保持适度的政府干预和行政控制至关重要。借鉴现代管理科学和组织理论可以缓解传统管理方法的局限性，提升政府实践和大学运作的效能。先进的教育理念强调大学自治，并增强机构的活力。

高等教育管理的概念不仅巩固管理实践，还指导和管理高等教育的运作。它包括大学的国家级规划和管理系统，以及大学、政府、社会和其他教育机构之间关系的调整。此外，它涉及设计大学内部的治理结构，并选择有效的管理策略。

五、高等教育管理发展趋势

从高等教育的管理状况来看，中国的高等教育与社会的发展大体上是相适应的。然而，当前政治、经济和文化的发展对中国高等教育提出了新的任务和要求。特别是经济发展、科技创新和文化创新，对各级高级专门人才的需求不断增加。在这种背景下，高等教育需要在开放度、管理思想和体制、管理模式和方法等方面进行变革。只有在思想和观念上明确高等教育改革和发展的方向，准确把握其发展趋势，才能应用先进的管理方法和技术来进行有效管理。

（一）管理更加专业化

学习管理的唯一有效的方法就是在管理的过程中进行管理的研究与有效实践。尽管拥有先天管理才能值得庆幸，但在社会、政治、经济、文化快速发展的时代，管理人员的新鲜血液总在不断注入，新人取代旧人是常态。现代高等教育组织变化迅速，日益复杂，任何想要有所作为的高等教育管理人员都必须接受相应水平的专门知识培训和技能提升，才能在复杂的高等教育环境中充分发挥其管理才能。

具体来说，高等教育管理的专业化要求体现在以下几个方面。

第一，现代高等教育管理的思想与方法的要求。现代高等教育管理者必须了解其职业的专业性及特点。高等教育管理的专业化水平日益提升，无论是管理知识还是技术方法，都要求管理者具备现代教育家的专业管理理论、敏锐的管理眼光、哲学家的管理思想以及企业家的高效管理能力。现代社会知识和技术的迅速发展，为高等教育管理的专业化创造了条件。高等学校有更大的选择空间，这要求管理者通过专业学习和实践展示其专业能力和价值。

第二，高等教育资源的专业性提升。随着国家社会经济的发展，政府及社会各界对高等教育的投入增加，高等教育资源日益丰富，其知识性和技术性也不断增强，形成复杂的专业管理系统。高等教育管理者的专业知识和技术要求随之提高。从人力资源角度来看，改革开放后，高校师资队伍发生了重大变化，特别是具有留学背景的教师，他们带来了先进的管理和教育理念，使师资和管理队伍的人力资源更加丰富。同时，辅助人员和管理人员的学历层次和知识结构也在发生变化，管理队伍的专业性不断提高。因此，管理资源的硬件和软件的专业性提升成为一种趋势。

第三，社会多元系统对高等教育管理的影响。社会多元环境的复杂性要求高等教育管理者具备多维的专业管理视野。高等教育走出象牙塔，受社会多元化影响，需要对个人、家长、政府部门、企业及政治家的不同期望做出回应。此外，高等教育系统的结构、运作方式、管理条件也受到社会其他系统的环境影响。高等教育不仅要运用一般管理理论与方法解决自身问题，还需运用专业原理和规则解决与社会和学校相关的问题。随着改革开放的深入，这种多元不仅局限于国内，还包括全球视野。因此，现代高等教育管理者需要具备这种社会多元视野的专业思想和管理能力。

（二）对外开放度更高

我国高等教育的发展得益于改革开放，通过开放，可以发现中国高等教育与其他国家的发展差距，通过引入国外先进的管理理念、技术和方法，可以有效促进高等教育管理信息的交流。

开放对中国高等教育管理起到了以下三个方面的促进作用：

第一，促进管理思想观念的转变。通过考察国外高等教育，我们加深了对依法治校、教授治校、教育评价、以人为本、科技创新和服务社会等理念的理解，将这些先进的教育思想融入管理中，推动了高等教育管理观念的转变。

第二，促进教育管理法治体系的建立和完善。开放让我们看到了发达国家完善的高等教育管理法治体系，这种体系有效保证了高等教育科学、规范、有序和稳步发展。

第三，使教育管理的功能更加明确和完善。在计划经济体制下，高等教育的功能较为单一，主要为国家服务，缺乏自主性和社会化功能。通过广泛深入地讨论和研究，高等教育的功能变得越来越明确和完善，逐渐符合社会主义市场经济的规律。

中国的高等教育逐步走向国际化，开放程度将进一步提高。要建设世界一流的高等教育和大学，必须进行国际交流与比较，明确我们的优势和劣势，发展才有目标。一个国家高等教育的水平反映了其现代化程度。没有高等教育的现代化和国际竞争力，谈国际化竞争便无从谈起。

高等教育更加开放首先需要思想的开放。即使国门打开，如果思想不开放，也无法借鉴国外的先进管理方法。我们必须明白开放的必要性。随着国家经济的全球化，高等教育的开放是必然趋势。因此，首先要解决思想开放的问题。只有认识到开放对高等教育管理的影响，才能理解高等教育的质量和科学研究水平对于国家参与国际竞争的重要性。

高等教育的国际化战略是一种发展趋势，但绝不是全盘国际化。开放应基于实际需求，符合中国的实际情况。欲速则不达，盲目追求国际化反而可能适得其反。高等教育的国际化战略意味着我们在参与国际竞争中不断提高整体水平，同时发扬优良传统，推出先进的高等教育部分，形成中国高等教育的特色，让中国高等教育走向世界，影响世界。

（三）更加注重管理效益

高等教育管理的最终目标体现在高等教育的效益管理上。管理效益是一个难以阐释又必须阐释的概念。在高等教育管理的基本规律和原则中已有所涉及。然而，无论是从管理学还是管理心理学的角度来看，对高等教育管理的两个重要特点应予以充分关注。

第一，高等教育被强调为一个开放的系统，包括学校与更高级别的教育行政系统的开放态势，以及高等教育整体与其他社会系统的开放态势。仅从学校内部来分析效益显然是不充分的，因为办学效益很大程度上体现为社会效益。

第二，高等教育管理在空间上的层次性和多样性影响着管理效益的评价。因此，我们希望通过多视角、多模式的考察，尽可能全面、准确、动态地勾画出评价高等教育效益的指标体系。

根据目标管理的要求，管理效益被定义为目标的实现程度。如果学校管理的结果符合或超过组织的目标，那么这种管理活动就是有效益的。管理目标分为政府目标和操作目标两大类。

政府目标是指学校上级机构对学校任务的本质做出的规定要求，一般而言比较抽象，无法直接指导高等学校管理者的具体工作。操作目标则是依据本校特定情况而制定的实际工作和活动要达到的目标，具有明确的标准和评价程度。

系统资源模式把效益定义为组织在其环境中获得有利地位的能力，以此获取更多资源。根据系统资源模式，学校有可能通过多方获得资源来加速发展，提高办学质量、水平和效益，推动学校发展。

总之，企图以一个简单的模式去解释高等教育系统的管理效益问题是不现实的。管理效益实际上是一个权变的概念，在市场经济条件下，高等教育活动本身是多目标、多价值观的统合。管理者的个性特征也是重要的变量，直接影响管理活动。因此，综合考虑管理人员的个性特征、组织特征和情境特征，提出高等教育管理效益指标体系可能更为可行。

（四）管理制度与程序更加规范

规范化的管理制度与程序显然是至关重要的。古典管理学派强调管理层次的系统化、规格化和集权化，与行为科学学派支持的分权和较为灵活的组织管理形成对比。不论采用哪种学派，管理的规范化始终是提升管理水平和效率的关键。然而，许多高校由于管理工作不规范，导致管理混乱和资源利用效率低下的问题。举例来说，一些高校缺乏统一的工作量标准，引发平均主义现象，影响教职工的积极性；仪器设备使用缺乏严格操作规程，导致损坏率增加；统计报表因没有统一标准，数据常失真；教师从事第二职业没有明确制约，影响教学和科研质量；部门间合作缺乏明确规定，浪费时间和精力；岗位职责不明确，导致高层领导陷于具体事务，无法进行科学决策等。这些问题凸显了管理规范化在现代高等教育管理中的重要性。

在管理机构和人员配置方面，与国外相比，我国高校的管理人员相对较多。这部分原因在于体制问题，许多应该由社会或学生自我管理的事务由高校承担。因而，整体上存在人浮于事的现象。国外高校管理人员岗位明确，因实行流动制，竞争激烈，管理者工作努力。而我国由于缺乏明确的工作规范，人员的业绩考核与评价难以进行，竞争机制难以建立。规范化管理有助于简化并准确考核各级管理人员。目前，对管理者的考核大多流于形式，缺乏具体标准。少数认真考核的高校要求管理者填写思想政治情况、工作完成情况、今后计划等，并进行自我总结和相互交流，听取意见，进行背靠背的打分，所有材料归档。然而，这种方式过于烦琐。

近年来，对基层管理者的烦琐考核与对领导者的简单考评形成对比。以往，一些高校领导在教职工代表大会上述职报告，听取意见和建议，而现在改为在中层干部范围内述职，这两种做法效果差异很大。按管理学理论，校长任命的中层干部不应监督校长，这种做法无法考核出真实结果，久而久之，导致教职工对学校工作敷衍了事。在干部考核与提升上，缺乏科学规范，领导提升干部主要看是否听话，而非工作业绩、个人品质、职业道德和心理素质。那些有开拓精神、工作成绩突出但敢于提意见的人，往往不受重视，甚至受到压制。

规范的制定应明确各级管理人员的职责、工作任务和工作程序，而非束缚他们的手脚。适度的规范能够激发各级管理人员的创造性。因此，在制定规范时，应留有余地，让各类人员根据系统的管理目标创造性地工作。

（五）学校权力结构逐步合理化

高等学校的权力结构纵向上分为多个层级，横向上每个层级又分为多个职能部门，形成纵横交错的矩阵式权力体系，即所谓的"科层制"①。科层制在精确性、稳定性、纪律严格性和可靠性方面优于其他组织形式。与社会其他系统相比，高等学校的权力结构具有共同的目标，明确的分工，一定的权威和效率、纪律等特点，同时又有其独特的特质。然而，许多高等教育管理专家多年来一直探索对"科层制"的改造与创新。

在我国高等学校，院（系）教学行政管理人员常认为管理者的存在仅

---

① 由德国社会学家马克斯·韦伯提出，又称理性官僚制或官僚制，其建立在其组织社会学的基础之上，体现了德国式的社会科学与美国式的工业主义的结合。

为行使学校赋予的行政职能。尽管他们被赋予处级、科级等级别，但他们的工作往往不符合教学、科研管理的性质，常常忙于非学术事务。

为弱化"科层制"中的行政权力，强化行政服务，有些大学的校长巧妙地将学校职能部门的管理权力弱化，或转移到非权力部门行使某些工作。通过职能部门的科学管理和优质服务，这些校长形成了自己的权威，使权力受到制约，权威受到尊重。

高等学校的权力结构包括权力分配结构和权力执行结构。合理分配学校内部的组织权力，构建责、权、利的合理体系，能有效制约权力的实施，是高等学校权力结构合理化改革的方向。当前环境下，要达到这一目标，需要经历一个长期的阵痛过程。

合理放权与合理用权是一种管理艺术。如何做到"放而不乱、管而不死、用则有效"是一门高超的管理学问。这是科学运用学校管理权力的极致表现，也是许多管理者追求的目标。

（六）对管理者的学历提出更高要求

高等教育管理的专业化要求日益提升，尽管社会重视学历但不唯学历，但高学历化已成为一种趋势。无论在宏观层面还是微观层面，低学历管理者正在逐步被高学历管理者取代。如今，各级高等教育行政管理部门的领导者通常具有较高学历和高级技术职称，新一代具有研究生学历的管理者也越来越受到青睐。在高校中，党政领导特别是校级领导，大多由拥有高级技术职称、高学历学位和国际留学背景的人担任。强调学历并非唯学历论，而是希望高等教育管理者具备适应时代发展的真才实学，掌握新知识，具备专业能力和科学决策的能力。

近年来，许多重点高校任用国内外获得博士学位的人才担任重要职务，充分利用他们对国际高等教育发展的理解，推动学校发展。事实上，管理者高学历化的趋势由以下因素推动。

1. 管理对象与要求的提升

自1982年我国颁布《中华人民共和国研究生学位条例》以来，硕士和博士研究生数量大幅增加。同时，大量派遣或自费留学的学生在国外获得研究生学位，这些高学历人员进入大学教师队伍。如果管理者的学历层次与他们差距太大，就会缺乏共同语言，导致管理交流障碍。

管理队伍高学历化是高等教育管理发展的重要趋势之一，管理者的学历层次结构变化已经成为必然。国家和高等教育组织也采取多种措施提高管理者的学历层次，推动高等教育管理的发展。

2. 领导干部的素质要求

教师队伍中，特别是年轻教师中，研究生学位的比例越来越高。为了有效管理这支高学历的教师队伍，领导干部需要具备更高的素质。著名管理学家哈罗德·孔茨[1]指出，没有高级管理人员迅速、灵活、不墨守成规并有条理地管理，就不可能进行有效的管理。他认为，接受过良好教育的人更有可能晋升到各级领导岗位。

自20世纪80年代后期以来，我国高校更注重选拔具有研究生学位的德才兼备的人担任各级领导职务，事实证明，他们更了解教师队伍的需求和特点，工作也更加得心应手。

---

[1] 哈罗德·孔茨（Harold Koontz，1908—1984），美国管理学家，管理过程学派的主要代表人物之一。早年于美国耶鲁大学获博士学位。之后在美欧各国讲授管理学，并在美国、荷兰、日本等国的大公司中担任咨询工作，曾担任美国管理学会会长、美国加利福尼亚管理研究院管理学名誉教授。

3. 国际合作与交流的需要

改革开放以来，许多高校开展了广泛的国际交流与合作。重点高校与国外多所大学建立了合作关系。国外著名高校的高中层管理者通常具有博士学位、高学历和高管理水平。如果我国高校的管理者也具备相同条件，将大大增强交流能力，推动学术合作，提升国际知名度。

4. 普通管理者的自身需求

我国重视个人学历，企事业单位招聘管理人员时通常要求较高学历。高等学校是文化教育层次较高的社会系统，管理职务需要较高学历，学历与工作岗位安排、职务提升密切相关。随着市场经济的深入和高等教育条件的改善，管理者的竞争也在加剧。高校管理者必须接受高等教育管理知识和能力的培训，提高学历层次和专业管理能力。

综上所述，处理好高等教育管理者的学历层次与专业化的关系非常重要。管理者需要具备高学历，更需要有较高的管理专业化水平。有些高校选用刚毕业的博士或硕士担任领导职位，但因缺乏管理经验而失败。因此，选拔管理者时应兼顾学历与管理专业的关系。年轻高学历管理者应先进行管理理论培训，从低层管理岗位开始，积累经验，为未来的高级管理职位打好基础。同时，从优秀的普通管理者中选拔人员进修学习，也是培养高素质管理者的一种有效方法。

第三章 高等教育管理体制

近年来，随着社会多元化发展，高等教育管理体制也在不断创新，如引入市场化机制，加强校企合作，优化资源配置等。但仍面临诸多挑战，如提升管理效率、深化体制改革等。在未来，高等教育管理体制需要朝着更加科学、开放和高效的方向发展，方能适应社会及高校发展需求。

一、高等教育管理体制概述

高等教育管理体制是我国教育体系中至关重要的一环，其结构复杂而精细。目前，我国高等教育管理体制以政府为主导，实行中央和地方分级管理，旨在激发高校的办学活力和创新能力。同时，高校内部实行党委领导下的校长负责制，确保了教育方向的正确性和教育质量的稳步提升。

（一）高等教育管理体制的概念

高等教育管理体制指高等教育在管理机构设置、领导隶属关系和管理权限划分等方面的总体框架和制度安排。它是社会上层建筑的一部分，与特定的社会制度密切相关，反映了生产力水平和生产关系的发展。高等教育管理体制随着高等教育的发展而不断演变，主要分为高层管理、中层管理和基层管理三层结构。高等教育的管理体制包括宏观管理和微观管理两个层面，前者涉及整体教育体系的管理，后者则关注高校内部的具体管理实践。

高等教育体制结构通常分为集权型、分权型和混合型三种模式。集权型体制中，中央政府完全控制高等教育系统，统一规划和资源配置，以确保国家层面的教育政策一致性和执行力。这种模式在确保统一性和效率的同时，也可能限制地方创新和应对特定地区需求的灵活性。

分权型体制则强调地方政府或特定利益集团的独立决策权，允许地方根据本地需求和资源分配情况自主制定教育政策和管理措施。这种模式通常能更有效地响应地方特色和社会需求，促进地方教育的发展和优化。

混合型体制则结合了集权和分权的特点，由中央和地方政府共同管理和决策高等教育事务。在这种模式下，中央政府负责制定全国性的教育政策和指导方针，而地方政府则在这些框架内享有一定的自主权，能够根据地方实际情况进行灵活调整和管理。

这三种体制模式反映了不同国家在教育治理与发展中的策略选择和实践经验。通过这些不同模式的运作机制，各国能够根据自身的政治制度、经济发展阶段和文化传统，有效应对教育领域的挑战，促进教育资源的合理配置和高等教育的健康发展。

（二）高等教育管理体制的形式

高等教育管理体制根据现代高等教育发展的要求，可以分解为下列形式。

1. 高等教育领导体制

高等教育领导体制是指高等教育机构的领导机构及其行为规范的统一体，核心在于领导权力的配置方式。包括高等教育行政领导体制和高等学校内部领导体制两部分，前者解决党政对高等教育的整体领导和管理，后者则处理高校内部的党政与学术权力分配问题。中国传统高等教育领导体制历史悠久，集中体现了高度集权与分权并存、行政权力泛化与学术权力衰竭的特征，这种体制根植于传统政治伦理文化，并因此在改革中面临诸多复杂挑战。在市场经济体制下，高等教育领导体制的建立应强化中央政府对教育的领导和管理，同时保障学校的办学自主权，通过间接手段而非行政手段进行控制，以便高校能够灵活应对社会经济和政治变化，培养所需的高层次专业人才。

2. 高等教育投资体制

社会主义市场经济体制下，高等教育投资体制正逐步多元化。传统的国家包办模式逐渐向国家、社会和个人多种主体并存的方向演变。高等学校应获得独立实体地位，拥有一定的经费自主权。投资渠道多样化，包括政府财政拨款、学费收入、科研创收、社会服务费用、校办产业收益、企业与个人投资以及国内外捐资，将成为未来中国高等教育投资的主要形式。

3. 高等教育教学体制

在高等学校的教育、教学活动中，与市场经济体制关系最为密切的是高等学校的专业与课程设置以及与此相应的一系列体制。在计划经济体制下，统一的专业课程设置不利于高等学校为市场需求培养多种规格和类型的人才。社会主义市场经济体制的逐步确立，要求高等学校的教育、教学体制向着国家和各级政府宏观调控、学校自主办学、社会积极参与、学生适当自由选择相结合的方向发展，并最终形成高等学校自主适应市场的教育、教学机制。

4. 高等教育招生、就业体制

过去计划经济条件下那种统一招生、分配的体制已越来越不适应社会主义市场经济的要求。建立和健全高等教育招生和毕业生就业的新的机制，扩大高等学校这方面的自主权，实行国家统筹规划、地方因地制宜、学校自主灵活、个人自由选择相结合的新的招生、就业体制，有效地实现人才资源的合理配置和流动，将是改革的大方向。政府在这方面的职责将从下达指令性指标向用经济杠杆和有关政策进行宏观调控和引导的方向转变。

5. 高等学校内部管理体制

社会主义市场经济体制要求高等学校建立高效的内部管理体制，以提升办学效益和工作效率。在市场竞争的环境下，学校需要摒弃平均主义思想，充分发挥各部门和个人的作用，合理配置资源，建立起能够兼顾整体、部门和个人利益的内部运行机制。这样做可以确保高等学校能够有效履行其为国民经济建设和社会发展服务的使命，实现健康和高效的发展。

（三）高等教育管理体制的功能

高等教育管理体制主要有以下几个功能：①通过规划与立法协调、指导高等教育发展，使之与社会政治、经济、科技、文化发展相适应，并确保高等教育在整个社会系统中的应有地位。②通过经费筹措及拨款，解决高等学校办学经费的后顾之忧，并体现政府对高等教育发展的导向作用。③通过评估与监督，保证高等学校的办学方向、办学水平、办学质量。④通过协调与指导，保证高等教育系统内部各个子系统间的相互配合、协调发展。同时，高等教育管理体制也是一项系统工程。高等教育系统可分为：决策系统、指挥系统、执行系统、监督—反馈系统。决策系统主要是对高等教育系统进行规划和控制，掌握高等教育活动的信息，控制高等教育活动所需的资源的合理分配，对高等教育的发展进行战略上的设计。执行系统包括从事具体的教学与科研活动机构，具体地组织和实施系统培养高级专门人才的根本任务。指挥系统介于决策系统与执行系统之间，它把决策系统的指令具体化于执行系统的活动之中。监督—反馈系统对整个系统的运行状态进行监控，同时又为决策系统提供反馈信息，把系统运行中的种种问题反映到决策系统，帮助决策系统进行科学的决策。

二、国内外高等教育管理体制概况

高等教育的管理体制不仅仅是各国国家管理体制的反映，更是政治、历史、社会和文化传统等多重因素共同作用的产物，这种体制不断经历深化和演变的过程，逐步形成和固定。

在不同国家和地区，由于其独特的背景和需求，高等教育的管理体制展现出多样性和复杂性。这种体制不仅影响到学校内部的运作和管理，还直接关系到教育的质量、效率和公平性。因此，理解和分析高等教育管理体制的形成和发展，有助于揭示各国教育政策制定的深层逻辑，以及更好地应对当今全球化和知识经济背景下的挑战。

（一）国外高等教育管理体制

世界上大多数国家的高等教育管理体制主要分为三种类型：中央集

权制、地方分权制和混合制。例如，法国采用中央集权制，美国采用地方分权制，而英国、日本、德国和俄罗斯则采用介于这两者之间的混合制。

1. 美国的高等教育管理体制

在美国，高等教育的管理体系以分权治理为特征，州政府承担了主要的管理责任。根据美国宪法规定，联邦政府无权直接介入教育事务，而是明确将高等教育的监督职责授予各州政府。因此，联邦层面的教育部门主要提供建议、咨询和分配教育经费，而不直接控制高等教育机构的运作。

尽管如此，联邦政府还是通过制定教育立法和分配资金来间接影响高等教育政策，并确保各州在教育管理中遵循统一的标准和指导方针。这种方式旨在促进教育资源的公平分配和高效管理，同时尊重各州的地方政治规范和教育传统。因此，美国的高等教育体系展现出一种动态平衡，既保证了地方政府在教育决策中的灵活性和独立性，又通过联邦层面的间接影响，推动整体教育水平和质量的提升。

在美国，无论是公立还是私立教育机构，在治理方面都拥有显著的独立性，涵盖决策、财务管理、教学和研究活动。联邦法律明确禁止联邦政府及其官员干预教育材料的创作、方向或监督。尽管州政府可以通过法律和财政拨款对大学产生广泛影响，但它们缺乏直接干预这些机构内部具体决策的权力。

这种分权制度不仅与美国的政治和经济制度相适应，也有利于院校和地方在教育管理方面的积极性和创新能力。然而，它也给长期和全局规划带来了挑战，特别是市场需求变化响应不及时的院校可能面临生存压力。

随着高等教育规模的扩大和其在国内外地位的提升，联邦政府对高等教育的干预显著增加，各州也加强了对高等教育的管理。自1965年颁布第一部《高等教育法》[①]以来，联邦政府频繁制定相关法律法规，以强化其对高等教育的监管和支持。1979年，联邦政府还设立了一个独立的中央教育行政机构——联邦教育部，被授权负责联邦关于教育法规的执行，并管理和分配联邦的高等教育补助经费。这一教育行政管理的重大变化表明美国高等教育管理体制出现了集权趋向。

2. 英国的高等教育管理体制

在英国，高等教育体制展现出对大学自治传统的重视。虽然中央政府设有科学教育部门负责制定国家教育政策，但不直接管理高等院校。英国的独特之处在于设立了"大学拨款委员会"，这个非官方机构协调国家与大学之间的关系，提供建议并分配政府拨款给各院校。

二战后，随着教育需求的增长，委员会的职能逐步扩展到协助制定和执行大学的发展规划，以保证高等教育体系与国家发展需求的紧密对接。1988年，《教育改革法案》的颁布进一步强化了中央政府在高等教育领域的角色，成立了新的"大学基金委员会"，主要负责政策制定和资源分配，同时维护大学的自治传统。

这种体制安排不仅确保了中央政府在高等教育政策和资源分配中的主导地位，还通过委员会的运作保障了大学的自治权。大学基金委员会的设立使得政府与大学之间的合作更为紧密和高效，能够有效应对教育体系的发展和变化需求，同时保持了学术自由和独立性的传统。

总体而言，英国的高等教育管理体系体现了一种平衡的方式，既强调中央政府的指导和协调作用，又充分尊重和保护大学的学术自主权，

[①] 1965年，美国政府历史上第一次颁布了《高等教育法》，明确规定了联邦政府对高等教育采取直接干预的态度。

使得教育政策能够在保持一致性和灵活性之间找到合适的平衡点，促进了高等教育的全面发展和国家的长期繁荣。

3. 法国的高等教育管理体制

法国是典型的中央集权制度国家，其高等教育的管理和决策权由中央政府及其教育部门掌握。国民教育部门负责政策制定、专业文凭批准、人事安排、招生规划和教育经费分配等，大学区虽有但不是主要行政单位，而是教育部门的附属。

法国作为发达市场经济国家，其实行的中央集权高等教育体制与其政治结构密切相关。历史上，法国长期以来是欧洲典型的高度中央集权的封建国家。1789年大革命后，尽管出现了资产阶级，但法国依然保持中央集权的管理模式，拿破仑时期进一步完善了这一体制。二战后特别是1958年戴高乐[①]上台后，法国进一步强化了总统的权力，巩固了中央政府的地位。戴高乐曾强调，高度的中央集权国家长期以来一直是法国统一的不可缺少的条件。然而，这种高度集权的法国高等教育管理体制却遭到社会的广泛批评，尤其是1968年的学生运动，促使政府通过《高等教育政策指导法》，确立了高等教育改革的"自治民主"原则，赋予大学区教育行政机构和大学较大的自主权，但法国的大学自主自治是在国家强有力的领导和监督之下的。

法国在20世纪80年代后期开始强调扩大高等教育的自治权。1982年通过了《关于权力下放的法令》，社会党政府推动此举。1986年右翼新政府上台后，更加强调减少国家的干预。1989年，法国政府制定了2000年教育发展规划，重申减少中央集权的领导，以确保学校拥有更多

---

① 夏尔·戴高乐（Charles de Gaulle，1890年11月22日—1970年11月9日），法兰西第五共和国的创建者，法国政治家、军事家、作家。

的自主权。

4. 日本的高等教育管理体制

日本自明治维新以来到第二次世界大战结束前，实行高度集权的高等教育管理体制，与其政治体制密切相关。二战后，美国占领军进行了广泛的改革，分权化了日本的高等教育体制，减弱了中央政府的控制权，增强了地方和其他利益集团的影响力。然而，日本的集权传统根深蒂固，到了20世纪50年代后期，政府逐步加强了对高等教育的中央管理，地方自治权力有所减弱，形成了一种介于集中和分权之间的混合体制。

日本的高等教育政策制定以参议院和众议院的"教育常务委员会"为最高决策机构，负责审查政府提出的教育方针、法规和计划。文部省作为中央政府主管教育的部门，在学校的批准、人事任免和设施配备等方面保持重要权力。尽管如此，根据《学校教育法》和《大学设置基准》，各大学在大学自治的框架内享有较大的自主权，文部省仅提供原则性的指导。资源分配方面，国立大学、公立大学和私立大学分别由国家、地方和法人团体提供资金支持。

日本的教育行政管理的一个显著特点是在中央层设有各界代表参与的咨询机构，如中央教育审议会、大学设施审议会和私立大学审议会。这些机构为文部大臣提供教育行政方面的意见和建议。

1984年，中曾根[①]首相设立了超越文部省的"临时教育审议会"，该委员会由政界、经济界、教育界和新闻界等领域的25名重要人士组成，任期3年。该委员会曾提出关于日本教育改革的四个审议报告，对日本

---

① 中曾根康弘（NakasoneYasuhiro，1918年5月27日—2019年11月29日），曾任日本首相。

的教育政策改革产生了重要影响。

5. 德国的高等教育管理体制

在第二次世界大战之前，德国的高等教育采用了中央集权的管理制度。战后受到美国的影响，德国逐渐向分权方向发展，尽管这一点与日本有所不同，但德国的模式更接近于美国。

德国的州政府在高等教育决策和管理上拥有相当大的权力，而联邦政府在法律上并不具备管理大学的权限。然而，德国与美国存在显著差异，主要体现在以下几个方面：德国联邦政府仍然负责整体教育规划，联邦教育和科学部门与各州教育部门共同承担部分管理职责，这与美国各州的高度自治有所不同；德国大学像欧洲其他国家的大学一样，缺乏内部竞争力，教职员工归属于国家文官体系，高等教育经费主要由州政府和国家提供资助。

与美国大学内部的市场竞争机制不同，德国大学的经费来源主要依赖于公共资助体系，即使国家对高等教育提供经费支持也往往通过中央下放的方式实现。因此，尽管德国高等教育形式上实行地方分权制度，其实质仍与美国的分权制度不同，可以视为集中和分散相结合的体制。

6. 俄罗斯的高等教育管理体制

在俄罗斯，高等教育管理体制涉及联邦级的管理机构和内部管理方式。俄罗斯设立了俄联邦教育部和俄联邦科学、高等学校和技术政策部作为主要的领导和管理机构。这些机构的设立相较于苏联时期更为简洁，但在功能上有所扩展，特别是科学、高等教育和技术政策部门的成立，旨在整合科研与高等教育，解决过去教育与科研分离的问题。

在苏联时期，教育和科研被分为不同的领域，管理机构和职能分配较为繁复。然而，随着俄罗斯的发展，特别是在后苏联时代，为了更好地整合科研与高等教育资源，俄罗斯采取了简化和集中管理的措施。俄联邦教育部负责制定和推动国家的教育政策，确保高等教育的质量和效率。而俄联邦科学、高等学校和技术政策部门则更专注于协调和统一科学研究、高等教育以及技术发展的方向和政策。

这种管理体制的变革不仅简化了机构设置，还有助于提高教育和科研的整合度和效率。俄罗斯高等教育体制的这种演变，体现了其在管理和政策制定上的持续优化和现代化，以适应当代社会和经济的需求。通过联邦级的管理机构，俄罗斯能够更有效地推动教育和科研资源的协调利用，促进高等教育质量的提升，同时保障国家在科技领域的竞争力和创新能力。

俄罗斯的高等教育管理体系已从中央集中的模式转变为分级管理模式。根据《俄联邦教育法》，当前的管理体系分为联邦（中央）、部门和联邦主体三级管理。

在联邦（中央）一级，政府负责制定高等教育政策，包括教育机构的组建、设立新机构、制定标准和预算，以及调节全国劳动关系。中央政府通过这些政策和标准，确保全国高等教育系统的统一性和一致性，并提供必要的资源和支持。各部门根据其职责范围，对相关领域的高等教育进行监督和管理。例如，科学、高等学校和技术政策部负责协调科学研究与高等教育的结合，推动技术创新。这种部门间的分工协作，有助于实现高等教育资源的有效利用和专业教育的全面发展。

联邦主体，即地方政府，在不违背中央政策的前提下，制定和实施本地的高等教育政策、法规、预算和标准。地方政府负责确保国家法律和标准在本地区的执行，并根据实际需求，制定具体的教育政策。这种管理模式使地方政府能够更好地响应本地经济和社会发展的需求，提供更具针对性的教育服务。

这种分级管理体系在缓解中央集权管理弊端的同时，赋予地方更多的自主权和灵活性，确保全国高等教育政策的协调性。通过联邦、部门和地方政府的多层次管理，俄罗斯的高等教育系统能更有效地适应社会和经济环境的变化，提升教育质量和效率，满足多样化需求。

俄罗斯高等学校的内部管理体制是多元化的，体现了"国家—社会—校长—教师—学生"相结合的民主化原则。高等学校自主权，特别是在办学和财产使用方面，比苏联时期有了明显扩大。内部管理体制因学校性质不同而异，国立和地方高等学校实行三级（校、系、教研室）管理。校务委员会是由选举产生的代表机构，每届任期5年，负责总体领导，并由校长进行直接管理。校务委员会由各方代表组成，学生和研究生代表不少于25%。其主要职能包括审议并批准学校章程及规章，选举校长，审议学校经济和发展问题等。尽管提倡高校自治，国立高等学校校长的地位仍由俄联邦政府确定，显示政府对高等教育领导权的宏观控制。非国立高等学校则由创办人或其委托的管理委员会直接领导。

综上所述，就国际比较而言，很难说哪种体制绝对优或劣，因为种种体制都有利有弊。一般说来，实行中央集权制，有利于中央政府对全国的高等教育事业进行统一规划；有助于保证达到高等教育的质量标准；有助于提高全国高等教育的管理效率。实行地方分权制，则有利于充分发挥地方办学的积极性；有利于加强高等学校和地方的联系，更好地为地方的需要服务并办出特色；有助于开展教育实验和自由竞争，提高办学的活力。管理体制各有其优越性，也各自存在着弊端。而且，中央集权制的优越性，恰恰是地方分权制的弊病所在；相反，地方分权制的优越性也就是中央集权制的弊病所在。

研究国外高等教育管理体制的几种模式，可以从中得到以下启示：一个国家采用哪种高等教育管理体制，是受其经济、政治体制和历史文化传统等多种因素制约的，并不只是由经济体制所决定。因此，确定我国的高等教育管理体制，必须深入研究我国国情各方面的情况，不能照搬外国的某一种模式。

（二）我国高等教育管理体制

自新中国成立以来，我国高等教育的宏观管理体制经历了多次重大变革，实行过不同的管理模式。这种变化不仅受到国家经济体制改革的影响，还受历次政治运动的冲击。

1. 我国高等教育管理体制发展概况

1949年至1957年，我国实行的是中央分散管理体制。在我国计划经济体制建立初期，通过借鉴苏联模式，我国在对旧中国的高等教育宏观管理体制进行改造后，逐步建立了中央统一领导、直接管理的新体制。

1950年，《关于高等学校领导关系的决定》，强调全国高等学校以由中央人民政府教育部统一领导为原则，并决定中央人民政府教育部对全国高等学校（军事学校除外）均负有领导责任。1953年，政务院发布《关于修订高等学校领导关系的决定》，进一步强调中央人民政府高等教育部和中央人民政府各有关业务部门分工负责管理各高等学校。1955年，全国227所高等学校全部由高等教育部和中央其他业务部门直接管理。这种权力高度集中的管理体制，符合计划经济模式的要求，有助于高等教育政令的统一执行和宏观调控，对于有计划地发展高等教育事业发挥了积极作用。但这种体制也导致了高等学校的缺乏独立性，局限了其内部活力。

从1958年至1976年，中国高等教育的管理体制经历了几个不同的发展阶段。这一时期的变革反映了国家在政治、经济和社会方面的重大转变，以及这些变化对教育管理政策的深远影响。

在1958年至1960年期间，中国实行了地方分散管理体制。这一时期，国家将高等教育的宏观管理权限大部分下放到地方。中央政府希望通过这种方式，调动地方的积极性，促进教育资源的迅速扩展和教育事业的快速发展。然而，这种分散管理体制带来了一系列问题。地方政府在高等教育管理上经验不足，资源分配不均，导致教育质量参差不齐。此外，由于缺乏统一的政策指导，地方高等教育机构在课程设置、教学质量和科研水平等方面出现了较大的差异。这一时期的高等教育管理体制虽然在短期内促进了教育资源的扩展，但也暴露出了管理上的混乱和效率低下的问题。

总结前期经验教训后，从1961年到1965年，中国开始实行中央地方分级分散管理体制。这一时期的政策调整旨在在中央集权和地方分权之间找到平衡。中央政府与地方政府共同承担高等教育的管理职责，形成了两级办学、两级管理的新体制。中央政府负责制定教育政策、标准和规划，提供财政支持和宏观指导；地方政府则负责具体实施和管理高等教育机构。这种分级管理体制在一定程度上解决了之前地方分散管理带来的问题，促进了高等教育事业的有序发展。中央与地方的协同合作，使得高等教育资源得到了更合理的配置，教育质量和科研水平有所提高。这一时期的高等教育管理体制在制度建设和管理机制上都取得了一定的进展，为后来的改革奠定了基础。

然而，从1966年开始，中国高等教育管理体制发生巨变，宏观管理秩序被破坏，管理职能几乎丧失。大部分高校被下放到地方，管理无序混乱，导致教育质量急剧下降。

自1977年以来，中国实行中央和地方分级分散管理体制，以恢复高等教育秩序，扭转管理混乱状况。1979年9月，明确了统一领导、分级管理的高等教育宏观管理体制。到1990年，全国1075所高等学校中，国家教委直接管理36所，中央63个部委直接管理318所，地方直接管理

721所。这一体制在历史上发挥了重要作用，调动了各部门、各地区发展高等教育的积极性，建立了较完整的高等教育体系，基本满足了经济建设和社会发展对专门人才的需求。然而，随着经济和社会的发展，特别是从计划经济向社会主义市场经济体制的转变，这种体制逐渐难以适应新形势发展的需要，严重制约了高等教育的进一步发展。

2. 高等教育的宏观管理体制

高等教育管理体制一般分为高等教育的宏观管理体制和微观管理体制。

高等教育的宏观管理体制主要指中央和地方政府的高等教育管理体制；高等教育的微观管理体制主要指高等学校内部的管理体制。下面主要讨论高等教育的宏观管理体制。

（1）高等学校在国家宏观指导下，面向社会自主办学的权利

高等学校的自主权是其发展的重要规律，也是提高教育质量和办学效益的关键。自主权赋予了学校灵活调整课程设置、教学方法和管理模式的能力，从而更好地适应经济和社会发展的需求。通过排除外部干扰，学校可以更自由地改革和创新，培养学生的创造能力和个性特长，推动科学研究和学术创新。这种自主权不仅是学术自由的体现，也是学校有效运作和持续发展的保障。

然而，高等学校在行使自主权的同时，也面临着明确的责任和义务。学校必须确保教育质量符合国家标准，为学生提供优质的教育服务。在社会主义市场经济条件下，学校需要转变观念，将服务社会和市场需求作为办学的重要方向。与地方政府、产业界和社会各界密切合作，加强与生产、科研和社会的联系，为地区经济和社会发展培养符合市场需求的高素质人才。

因此，高等学校的自主权不仅是学术发展的动力源泉，也是推动教

育现代化和社会进步的重要保障。通过充分发挥自主权，学校能够在竞争激烈的教育市场中立足，不断提升教育质量和影响力，为国家和社会培养更多具有创新精神和实践能力的人才。

高等学校的办学自主权不仅仅是一种管理权限，更是其发展和社会责任之间的微妙平衡。自主权与面向社会的结合，旨在确保学校能够在尊重市场需求和社会发展趋势的同时，有效地约束内部权力的滥用现象。如果自主权脱离社会需要而过度扩展，可能导致教育质量下降或者资源浪费，反而不利于学校长远发展。

为了有效实现自主办学，高等学校需要建立健全的自我发展与自我约束机制。这意味着学校在制定课程设置、教学方法和管理政策时，应当充分考虑社会经济发展的需要和趋势，与市场需求保持敏感和互动。同时，学校内部需要建立有效的监督和评估机制，确保决策过程公正透明，防止权力滥用和腐败现象的发生。

面向社会的自主办学不仅仅是为了提升学校的竞争力和影响力，更是为了培养符合社会需求的高素质人才。通过与产业界、地方政府及社会团体的紧密合作，高等学校能够更好地理解和响应社会的变化，为国家经济建设和社会进步提供有力的人才支持。

我国高等教育管理体制属于中央集权制，由教育部及其下属的各高等教育司局等行政管理机构统一调控和支配。这些机构确保全国各级各类高等院校能够顺利发挥功能，形成具有中国特色的高等教育管理体制，同时将高等教育活动与其他社会活动有机统一为整体。

地方政府通过专门的教育行政机构——教育厅，管理所辖高等学校之间的关系，并执行上级教育行政机构的指令。此外，教育厅还负责与地区及其他社会系统的协调工作。因此，地方高等教育系统的特色主要体现为行政管理的形式。

现代高等教育在社会生活和国家事务中的角色日益重要，任何政府都必须管理和控制高等教育，以确保国家安全和发展。高校在人才培养和科学研究中必须考虑国家整体发展需求，政府通过统筹规划和行政手段有序安排高等教育的发展。高等教育不仅为社会发展提供人才，也满足个体的发展需求，必须遵循人的发展规律。因此，尽管在社会主义市场经济体制下，高等教育还是不能完全市场化，需要政府通过规划、立法、拨款、政策指导和行政手段进行宏观管理，以平衡市场机制和社会发展需要。

（2）政府对高等教育宏观管理的主要任务

政府对高等教育宏观管理的主要任务可以概括为以下几点：

第一，制定高等教育方针政策、法律法规，规定教育制度，掌握高等教育的政治方向。这是保证一个国家高等教育的性质所必须的。

第二，制定高等教育的发展战略，确定各时期的发展目标和战略重点，做出全面规划。

第三，掌握高等教育的总体发展规模、速度，根据国民经济和社会发展的需要，协调高等教育的层次、办学形式、结构和地区布局。

第四，保证高等教育经费，使政府教育拨款的增长高于财政经常性收入的增长，并使在校学生人均教育费用逐步增长，保证教师工资和学生人均公用经费逐步增长，以确保教育事业的优先发展，并运用拨款引导高等教育的健康发展。

第五，提供信息服务，组织社会评估，总结交流经验，引导高等教育高速地发展。

总的来说，对高等教育的宏观管理是政府的责任，必不可少。但是政府的管理和控制又必须是适当的、合理的，而不应大包大揽，管得太多、太宽。

（3）政府对高等教育管理的主要手段

①政策指导。高等教育政策体现了国家在高等教育领域的意志和方

向。这些政策必须从客观实际出发，符合事物的发展规律，具有可操作性和执行力。政策的可行性不仅取决于其正确性，还需要经过宣传解释，让广大群众理解并积极参与，从而转化为实际行动，促进高等教育事业的有效发展。

②教育立法。政府通过制定和实施高等教育的法律和法规，这是实行高等教育宏观管理的重要手段之一。高等教育立法是将国家关于高等教育的方针政策固定为法律形式，确保高等教育工作服从国家指导，并调整内外部关系，建立和维护有序的教育活动环境，以加强对高等教育事业的整体管理。

③财政拨款。高等教育的发展依赖于巨大的资金投入，其中政府的拨款是主要来源。尽管各国政府面临财政压力，仍致力增加对高等教育的投资。政府作为最大的投资者，要求高等教育为国家发展服务。因此，政府在投资高等教育时，会介入其管理以确保资源使用效益，因为高等教育与国家发展密切相关。

④规范行为。社会发展中存在人与人之间利益、价值观和行为上的矛盾和冲突。政府通过制定政策来规范人们的行为，缓解社会矛盾，促进社会的发展。随着社会的变迁，旧有的社会规范可能不再适应发展需求，因此需要制定新的政策和准则，特别是在高等教育领域，以推动其与经济和社会发展目标的协调发展。

⑤协调关系。社会中存在着因社会分工和条件差异而产生的人与人之间的利益差异和矛盾。政府的政策作用在于从多数人的利益出发，统筹兼顾，协调社会各种利益之间的矛盾，维护社会稳定并推动社会进步。在高等教育系统中，管理体制涉及国家、地方和高校之间的关系，需要政府明确规定的政策来协调这些关系，调节国家、集体和个人的利益，以促进高等教育的全面发展。

⑥教育评估。教育评估是教育管理的重要手段，指在系统收集信息

的基础上，对高等教育活动或现象达到既定目标的程度进行评估、估量和分析。它涵盖评估对象（如高校、专业、课程、科研）、评估依据（教育目标和客观实际）、评估内容（如办学水平、教学质量），以及评估结果的效度和信度分析。高等教育评估的核心目的在于增强教育的活力与动力，确保教育质量，推动教育改革、发展和提高。在中国，建立高等教育评估制度对于加强国家对教育的宏观管理，促进高等教育与社会的紧密联系，具有重要意义。

三、我国高等教育管理体制现存问题

我国现行的高等教育宏观管理体制基本上维系了第五次改革所恢复的以条块共管为主要特征的中央与地方分级分散管理体制。尽管1985年中共中央颁布的《关于教育体制改革的决定》再次提出了进行高等教育宏观管理体制改革的任务，即"改变政府对高等教育统得过多的管理体制，在国家统一的教育方针和计划的指导下，扩大高等学校的办学自主权，加强高等学校同生产、科研和社会其他各方面的联系，使高等学校具有主动适应经济和社会发展需要的积极性和能力"。虽然在某些领域取得了一些改革成果，但总体而言，目前对上述改革思路的实施还处于准备阶段，包括理论和实践经验的积累。现行的分级分散管理体制建立在国家经济管理中部门经济所有制和地方财政包干制的基础上。随着市场经济体制的逐步确立和新的国家经济管理制度的实施，高等教育宏观管理体制的不适应性日益显现，分级分散管理体制在实际运作中也逐渐暴露出一些问题。

（一）高等教育管理体制现存主要问题

高等教育作为一个社会实践活动，是由教育提供者和接受者共同作为主体，并以高等教育资源为客体，其目标是培养全面发展的人才。经济全球化加速了高等教育国际化进程，因此，将国内高等教育与国际接轨成为21世纪我国高等教育的关键目标。要达到国际先进水平，首先需要客观分析现存的高等教育管理体制问题。

1. 体系封闭

部门和地方各自设立和管理高等学校和专业，导致重复低水平的建设和极不合理的资源配置。这种分割体制下，学校和专业受限于各自部门或地方的需求，无法充分发挥作用。此外，不同部门或地方根据需求重复建设相似学校和专业，导致学校效益低下，办学条件难以改善，严重影响整体教育水平和效益。

2. 管理无序

管理职能混乱主要表现为宏观管理层面对高校具体事务干预过多，而历次宏观管理体制改革未能有效调整这一问题。尽管调整了高校隶属关系，但主管部门仍全面包办高等学校的各项事务。

权限分配混乱则体现在中央和地方在高等教育管理权限上的界限模糊，责任不明确。数千所公立高校由中央和地方政府分别举办，形成了两级办学主体。尽管法规规定了中央统一领导和中央与地方分级管理的原则，但具体项目、内容、责任与权限的法律解释不清，加之不同利益驱动，导致中央统一领导难以实现，高等教育宏观管理陷入失控状态。

3. 专业重复

我国高等教育组织和安排中存在一个显著且不公平的问题，即专业单一学科院校过度普遍的情况。在计划经济时代，国家围绕各个行业和产业进行经济发展，导致各个政府部门和省级实体建立了以单一学科为主的大学。这些院校通常根据其所属行业的具体产品、组成部分或技术方法量身定制其课程。这种专业化往往限制了课程的多样性，导致毕业生知识范围狭窄、适应能力不足，并且未来的机会受限。

4. 缺乏活力

国家对办学的过多包揽和管制使学校缺乏自主权，或学校仅为行业服务，无法根据经济和社会发展的需要及人才市场的变化，迅速调整办学形式和内容，导致学校缺乏生机和活力。

综上所述，如果不改革当前这种条块分割和"统"与"包"的体制，解决由此带来的高等教育在结构、布局、质量、效益等方面的问题，我国高等教育就难以健康发展，也无法适应改革、开放和社会主义市场经济的需要，更不能完成服务于我国社会主义现代化建设的历史重任。如何迎接国际竞争的挑战并适应我国社会主义现代化建设的需要，是摆在教育工作者面前的重要课题，也是社会各界普遍关注的问题。

（二）高等教育管理体制受制约因素

高等教育管理体制必须适应国家的经济、政治和科技体制，这是由高等教育的外部关系规律决定的。高等教育不仅受到社会的制约，还服务于社会的经济、政治和文化发展。其性质和特点使其与经济、政治、文化及科技的联系比基础教育更加直接和紧密。其中，经济起着决定性作用，经济基础决定上层建筑。经济体制作为生产关系的实现形式，尤其是计划和市场作为资源配置的手段，虽无社会制度属性，但与社会基本制度紧密结合。社会主义市场经济体制结合了社会主义基本制度，对教育体制产生决定性影响，要求高等教育管理体制相应变革。

1. 经济体制的影响

高等教育与社会经济关系密切，经济体制必然对其管理体制产生决定性影响。高等教育所需资源来自社会经济，培养的人才和科研成果也服务于经济发展。过去，我国的高等教育管理体制适应高度集中的计划经济体制。如今，社会主义市场经济体制下，高等教育的资源和成果不可避免地受市场的影响。

2. 政治体制的影响

高等教育作为社会文化的一部分，反映了政治体制和经济结构的关系。政治体制改革与经济体制改革相互依赖、相互配合。高等教育管理体制的改革需要依赖于政治体制的改革。过去的高度集权政治体制导致高等教育管理体制过于集中和过度干预。国家在行政体制改革中实行政事分开，解决了行政权力划分不明确的问题。西方国家的高等教育管理体制因政治体制不同而各异。例如，美国实行地方分权制，法国则实行中央集权制。这表明一个国家的政治体制对其教育体制具有重要的决定性影响，虽然经济体制也对教育体制产生影响，但政治体制在其中起到的作用更大。

3. 科技体制的影响

高等学校尤其是重点高校，承担大量科研任务，是科技研究的重要力量。科技体制改革中的政策、科技拨款制度改革、技术市场和信息市场的建立，以及科技管理中引入竞争机制，对高等学校产生重要影响。

综上所述，高等教育管理体制须适应国家的经济、政治和科技体制，还要考虑文化传统和自身发展规律。高等教育不仅要满足社会当前需求，更要着眼于国家的长远发展，促进人的全面发展。同时，高等教育管理体制还必须与高等教育发展的规律相适应。

（三）建设高等教育管理体制的原则

为了使高等教育管理体制进入高效和优化的状态，管理体制的科学设置非常关键。一般应遵循下列原则：

一是兼收并蓄的原则。我国现行的高等教育管理机构是根据我国历史，特别是近现代高等教育发展的需要，对管理机构不断充实调整提高的产物。同时也注意汲取苏联、欧洲诸国及美国、加拿大等国的经验与教训，形成具有中国特色的高等教育管理机构体系。

二是分工明确又互相协调的原则。分工明确有两层含义：一是指各级管理机构职责分明，二是指同级管理机构内，各部门之间分工明确。同时上下级之间、各部门之间必须很好地协调和配合，分工不分家。

三是宏观控制与微观搞活相结合的原则。管理层次和控制幅度必须清楚。各级管理机构和各管理部门必须职责明确，上级管理机构对下级究竟管到哪一层，控制多大的幅度，各部门究竟须控制多大的幅度，都须明确。明确管理层次和控制幅度是处理好宏观控制和微观搞活的重要前提，也是机构设置的理论依据。

四是民主与科学相统一的原则。当高等教育发展较快时，往往会因需而设立一些管理部门；然而当按高等教育发展的科学规律和理论，运用了科学管理手段，发现有些机构的职能是交叉重复时，就应纳入科学的轨道，需调整、合并一些机构。

五是精简机构，提高效益原则。要真正做到高效和最佳管理状态，避免重复设置机构，力戒因人设置机构。同时，一个机构各部门亦不宜重复设置，一个部门中的各岗位也不宜重复设置，这样机构才能真正做到精简，从而才谈得上提高效益。

四、高等教育的战略与发展规划

制定教育发展的战略规划，对教育事业实行战略管理是发展国家教育管理事业的重要手段。随着我国高等教育管理体制改革的不断深入以及国外教育战略管理理念的引进，我国高等教育界更清醒地认识到通过制定战略规划来实现高等教育的可持续发展的重要性和紧迫性。制定高等教育的战略与发展规划，是对教育为实现社会功能和自身发展所做出的谋划与决策，对教育发展全局具有积极指导意义。

（一）高等教育战略规划概述

高等教育是教育事业的一个重要组成部分，高等教育战略规划是解决高等教育系统与环境矛盾、保持动态平衡的管理活动。通过调查评价和预测未来发展，制定工作目标和行动方案，以推动高等教育的发展。

高等教育战略规划是根据不同国家的经济和社会发展需求制定的高等教育发展方针和部署安排，旨在使高等教育适应社会变化和需求。它是高等教育事业发展前景的蓝图，是国家、社会和经济发展的一个重要组成部分，是将教育理想变为现实的桥梁，是调节高等教育内部活动的有力措施。为了使高等教育按照教育规律健康地发展，就必须加强教育发展战略的研究，搞好人才需求预测和制定教育发展规划。要从全局出发，帮助人们认识高等教育的性质和任务，确定高等教育的发展目标，在此基础上采取适当的手段和步骤，分阶段、分层次、分步骤地实施教育战略规划。只有这样，才能科学地进行高等教育目标管理，对未来的发展做出科学的筹划。

在高等教育管理活动中，高等教育的战略规划有以下几个方面的特征：①高等教育战略规划的普遍性。无论是中央、地方的高等教育管理部门，还是高等学校、系、教研室所进行的高等教育实践活动，都需要有战略规划。因此，制定规划、执行规划、检查规划是各级高等教育管理部门和高等学校各级管理人员必须要做的一项工作，是高等教育管理工作不可缺少的方面。②高等教育战略规划的指导性。高等教育战略规划规定了高等教育活动的目标，围绕目标又规定了应做什么，由哪些人去做，什么时候去做。规划的这种作用就是它的指导性。有了战略性的规划，还要有行动，才能使规划所制定的高等教育目标得以实现，而目标又使行动有了方向，使各种行动在目标的导向下协调一致，这是规划指导性的又一种表现。有了规划和规定的战略目标，就可以用它来检查各级高等教育部门和各个从事高等教育的管理的人员完成任务的情况，并指导纠正偏离目标的行动，这是规划指导性的第三方面的表现。③高等教育战略规划的首位性。在整个高等教育管理活动中，战略规划工作是必须在其他活动展开之前完成的工作，这就是战略规划首位性的特点。强调规划工作的首位性，并不是说高等教育管理的组织、领导、控制等活动不重要，而是因为战略规划工作的前提是选定工作目标，而工作目标制约着组织、领导、控制等方面的高等教育管理活动。因此，在高等教育管理活动中，战略规划工作是首位的。④高等教育战略规划的渗透性。高等教育战略规划的渗透性是指规划工作影响着高等教育管理活动的各个方面，影响着高等教育管理过程一切环节。高等教育的战略性规划制定了高等教育管理工作的目标，这有助于我们建立起合理的组织结构，选配适当的管理人员，以及最有效地领导和指挥这些人员，为实现目标控制其行为等。这表明高等教育战略规划工作在很大程度上影响着其组织结构、人员配置、领导方式、控制标准。所以说高等教育的战略规划工作渗透在其他高等教育管理活动中。

（二）高等教育战略规划的制定流程

高等教育战略规划的编制是高等教育管理活动的重要内容，同样要遵循一般战略管理的规划原则，但同时又必须遵照一定的教育发展规律。一般来说，高等教育战略规划的编制要经过四个不同但又紧密联系的步骤。

1. 确定目标及优先顺序

高等教育战略规划的首要步骤是明确工作目标，这些目标不仅仅是提升管理效能，更是激励机构成员为高等教育事业的成功贡献力量的关键。在资源有限的情况下，确定优先级目标能够有效地分配资源和安排工作重点，确保每一步都服务于整体战略目标的实现。这种明确的目标设定不仅有助于提高学校的管理效率，还能够在日常决策中指导和激励教职员工，促进团队协作和资源的最大化利用。通过战略规划，学校可以更好地应对外部环境的变化和挑战，保持竞争力并不断提升教育质量，以适应时代发展的需求和社会的期待。

在确定高等教育工作目标的过程中，还应注意怎样规划和协调长期、中期和短期目标及其关系。长期目标也称战略性目标，一般在5年以上，它代表着制定部门所追求的根本利益和期望。中、短期目标是体现长远目标的要求并为之服务的，是结合战略规划的实际情况而制定的。中、短期目标的合理程度既要看它在实践中的效果，也要看它是否有利于实现长远目标。

高等教育行政领导部门和高等学校在确定工作目标的过程中还要研究怎样科学地将总目标分解为若干分目标以作为下属各部门的工作目标。只有合理分解和协调各部门的分目标，使之能全面和最优地体现总的工作目标，才能使高等教育战略规划第一阶段的任务得以完成。

2. 预测影响目标实现的各种因素

在确定目标时，需要考虑外部和内部条件，预测各种影响因素。例如，在制定高等教育发展规划时，发展的规模和速度是关键目标之一。外部因素包括社会需求和资源投入，受制于社会的政治、经济、科技和文化发展。同时，内部条件如教师、设备和校舍等也限制了发展的规模和速度。只有外部和内部条件协调一致，制定的发展规划才能切实实现。

3. 提出与选择行动方案

一个有效的规划必须考虑到高等教育作为复杂多目标系统的特性，必须提供多个可选的战略方案，以应对外部环境的灵活变化。例如，我国高等教育发展的规模和速度主要以国民经济增长速度为主要依据进行规划预测，根据国民经济发展提出了高、中、低三个可供选择的方案。在提供可供选择的方案时，要尽量减少成功希望最小的方案，并把主要精力集中在成功希望最大的方案的研究上。所以这一阶段的工作是通过调查、分析和研究，提出几个成功希望较大的方案以供选择。之后，领导管理者就要把主要精力放在规划方案的选择上。选择规划方案就是对提出的规划进行评价，看规划方案是否提供了可靠而必要的人力、物力和财力，分析实现目标的潜在可能性的大小，在目标能充分实现的前提下，看哪个规划方案所需的人力、物力、财力最少，由此从中选择出最佳的战略规划方案。

4. 提出实施战略规划方案的相关政策

为了有效实施规划方案，解决外部和内部条件之间的矛盾至关重要。政策在此扮演着关键的管理工具角色，它需要平衡稳定性和灵活性。稳定性确保规划方案在长期内持续推进，而灵活性则使其能够应对不断变化的环境和需求。政策的稳定性保证了执行的连续性和可预测性，而灵活性则使其能够及时调整和适应新的挑战和机遇，从而确保规划方案顺利实施并取得成功。

（三）制定高等教育战略规划的原则

制定高等教育战略规划时须考虑其科学性和系统性，基于实际情况和科技进步，通过多学科知识和现代技术确保规划略高于实际。规划要逻辑严谨、可行性强，各部分相互关联，综合考虑历史、现状和未来，处理好各种关系，进行可行性论证，确保实际操作和效果。

1. 科学性与系统性

制定战略规划不能单凭主观愿望，应当依靠科技进步，从实际出发，实事求是。在对客观情况的调查研究和科学预测的基础上，反映高等教育的发展规律和趋势。要运用多方面的理论知识和各种现代技术手段、管理艺术，融汇经济学、教育学、心理学、社会学、统计学、预测学、未来学以及系统论、控制论、信息论等各门学科的知识，对高等教育发展做出科学的规划。

高等教育战略规划要与实际相符或略高于实际。如果规划落后于实际，对高等教育发展估计不足，提出的目标无所作为，就失掉了规划的意义。如果要求过高，一味追求高标准，就会可望而不可即，使人们对规划失去信心，同样违背了科学性的原则。

高等教育是整个社会大系统的一个组成部分，制定战略规划也是一项系统工程。高等教育战略规划面对的是一个体现教育内外关系的多层次的复合系统，制定规划时必须置身于一个国家的整体环境这样一个大系统中，并考虑到教育内部的诸要素。

2. 逻辑性与可行性

高等教育战略规划的制定要求逻辑严谨，各部分互相关联，结构缜密。制定者既要充分考虑到高等教育自身的发展情况，又要研究规划的历史、现状、未来的相互关系，对高等教育内部和外部条件的现状及战略前景做出正确的认识与估计。

战略规划应便于操作，切实可行，经得起事实的检验。制定规划之前应进行科学的调查与分析，立足国情，明确目标，处理好当前与长远、需要与可能、数量与质量、规模与效益的关系。对规划进行可行性论证，多种方案择优比较，保证重点，统筹兼顾。

（四）新时期高等教育管理战略规划的制定

面对新时期的社会发展环境，高等学校在制定战略规划时应从以下几个方面进行考虑。

1. 办学目标的定位规划

在办学目标的科学定位中，需要明确几个重要的逻辑关系：

（1）学校发展的主体与外围的界定及其关系：确定学校发展的主次关系，明确在人力、物力、财力投入上的优先级和发展路径。

（2）发展内涵与外延的关系：确立发展内涵为主导，同时探索新的发展方向。

（3）协调发展与突出重点的关系：平衡整体发展与重点突出之间的关系，确保发展的均衡性和重点性。

（4）突出特色与提高综合实力的关系：强化学校特色的同时，提升学校的整体实力和竞争力。

（5）办学质量与办学效益的关系：在保证教育质量的前提下，提升教育效益和资源利用效率。

（6）教学、科研、社会服务三项社会功能协调发展的关系：确保教学、科研和社会服务三者相辅相成，避免矛盾和冲突。

（7）校园总体规划、建设与学校后勤服务社会化的关系：在推进校园建设和后勤服务社会化过程中，兼顾服务质量提升和经济承受能力。

这些逻辑关系需要深入研究和合理规划，尤其在有限的资金投入条件下，务必实事求是地制定战略规划，避免盲目攀比，依据学校的现实条件和层次进行科学的规划。

2. 学科专业建设的规划

学科专业设置及其建设水平是高等学校学术性质和水平的关键反映。尽管许多学校在这方面取得了显著成就，但也面临一些挑战和问题。未来规划需要着重解决以下几个关键问题：

（1）平衡学科与专业建设，确保本科生培养与学科发展的协调。高等学校应根据社会需求和学科发展趋势，调整和优化专业设置，确保教育质量和学科结构的有效对接。

（2）需要重点突出与整体协调的平衡，避免过分突出某些学科而忽视其他相关学科的支持。学校应确保各学科的发展平衡，不仅关注热门学科的发展，还要保证支撑学科和交叉学科的健康发展。

（3）应用学科与基础理论学科的平衡发展也是一个关键挑战。虽然应用型学科在满足市场需求和技术创新方面发挥重要作用，但基础理论学科的发展同样至关重要，它们为应用学科提供理论支持和科学依据。

（4）促进高水平科研与全面素质提升的平衡也是未来规划的重要内容。除了注重科研成果和学术声誉的提升，高等学校还应关注人文学科和软科学研究的发展，培养学生的综合素质和创新能力，推动整体教育水平的提升。

综上所述，通过有效的学科规划和专业设置，高等学校可以更好地适应社会发展的需求，实现教育质量和学术水平的全面提升。这不仅需要科学的规划和管理，还需要教育机构与社会各界的密切合作，共同推动高等教育的可持续发展。

3. 师资队伍的建设规划

师资队伍的建设是高等学校发展的核心任务，各学校已经采取多种措施来引进、稳定和培养人才。未来的规划需要重视以下几个关键点：

（1）要注重名人、大师级人才的流动型引进，以实现师资资源的共享和提升教学科研水平。引进具有国际影响力和领导力的学术领军人物，能够为学校注入新的学术氛围和实质性的学术成果。

（2）需要抓住培养人才的机遇，积极选拔和培养下一代的学术领袖和名师。通过建立有效的选拔机制和培养计划，培养具有创新精神和教学能力的青年教师，为学术传承和学科发展培养后备力量。

（3）要注重整合师资队伍和学科群，促进交叉学科教师队伍的发展。通过跨学科的教师团队建设，推动不同学科之间的合作与交流，提升综合学科发展能力和解决复杂问题的能力。

（4）需要平衡科研与教学队伍建设，鼓励教师参与教学和科研的双重任务。通过设立激励机制和灵活的工作安排，支持教师在教学过程中融入最新科研成果，提升教学质量和学生创新能力的培养。

（5）要进行老中青结合的师资梯队规划，特别关注青年教师的培养与发展。通过为青年教师提供良好的成长环境和发展机会，激励他们在学术研究和教学实践中发挥创造力和潜力，从而稳定和增强学校的师资力量。

综上所述，通过全面而有针对性的师资队伍规划和管理，高等学校能够更好地应对未来挑战，提升教育质量和科研水平，为社会发展和人才培养做出更大贡献。

4. 学生质量与办学效益的整体规划

学生质量对高等学校的生存和发展至关重要，直接影响办学效益。在高等学校扩招的背景下，正确处理办学质量与办学效益的关系至关重要，特别是在规划学生培养目标和办学规模时。影响办学质量的因素包括师资水平、办学条件和办学经验等，其中师生比和授课班型尤为重要。国外一流大学倡导小班授课以提高教育质量，但过多过小的班型可能影响办学效益。因此，规划学校办学规模和学生质量标准时应兼顾质量和效益，选择最佳点，确保适当的规模效益。例如：1：12或1：14的师生比应根据学校和学科特性进行调整。

5. 教育市场与科技市场的服务规划

全球竞争的加剧不仅推动了高等教育的变革，也使得教育和科技成果日益成为市场上的重要商品。在这种背景下，高校的战略规划显得尤为关键。首先，高校需要根据教育和科技市场的实际需求来制定战略，积极争取高水平的生源，确保教育质量和学术声誉的提升。同时，促进科技成果的转化和专利申报，将学术研究成果有效地转化为市场上的创新产品和服务，是实现高校战略目标的重要手段。

面对全球化和科技进步带来的挑战，高校的战略规划必须不断调整和优化。这包括加强与产业界、社会各界的合作，深化产学研结合，以便更好地满足市场需求和社会发展的需要。在市场竞争日益激烈的情况下，高校应当注重培养具有实践能力和创新精神的人才，使他们能够适应和引领未来科技和经济的发展趋势。

高校战略规划的另一个关键点是确保可持续发展。通过科学合理的资源配置和管理，高校能够有效应对经济波动和市场变化带来的挑战，保持长期竞争力和稳定发展。这需要高校领导层具备远见和决策能力，制定符合实际情况和发展趋势的战略，为整体发展提供坚实的支持和保障。

面对全球竞争的压力和科技发展的机遇，高校战略规划需要灵活应变、务实创新，紧密结合市场需求和社会发展趋势，以实现教育质量的持续提升、科技成果的有效转化，进而确保高校的竞争力和可持续发展。

第四章　高等教育管理建设

建设高等教育管理事业，是提升教育质量、优化资源配置、促进学术创新的关键环节。它涉及课程规划、师资队伍建设、科研管理、学生服务及行政管理等多个方面。通过深化管理体制改革，强化信息技术应用，构建科学高效的管理体系，高等教育管理建设致力于提高教育质量，培养学生的创新能力与综合素质，以适应经济社会发展的需求，为国家发展培养更多高素质人才。

一、教学课程管理

教学课程管理是保证教学质量、优化学习体验的重要组成部分。它涵盖了课程设置、教材选择、教学计划编制、课程评估等各个环节。通过系统规划，确保课程内容与行业需求、学生兴趣紧密结合；通过定期评估，及时调整课程结构和教学方法，以适应知识更新的步伐。教学课程管理还强调教师团队的专业发展和学生的个性化需求，致力于提供高质量、有深度的课程，促进学生的全面发展。

（一）高校教学管理制度的内涵

高校教学管理制度是一个复杂而多层次的系统，包含多种序列和职能。这个制度在特定的教育发展背景下形成，旨在规范教学活动、实现教育目标，并确保教育质量的提升。它不仅涉及教学计划的制订和实施，还包括教学资源的配置、教学质量的评估以及教学成果的反馈和改进。在这个过程中，多个元素和环节相互作用，形成了一个有机整体。

随着社会的不断变化和发展，高校教学管理制度也需要进行相应的调整和改革，以适应新的需求。例如，信息技术的迅猛发展对传统的教学管理模式提出了挑战和机遇。在线教育、混合式教学等新型教育模式的出现，使得高校在教学管理制度上需要更加灵活和开放，以满足学生多样化的学习需求和个性化的发展要求。

在全球范围内，学分制和学年制是两种广泛采用的教学管理制度。学分制以课程为基本单位，通过累积学分来实现学业的完成，具有较强的灵活性和自主性，适应学生个性化学习和多样化发展的需求。而学年制则以学年为基本单位，课程安排和学业进度较为统一，有助于学校统一管理和质量控制。两者在灵活性和统一性上有所不同，但关键在于如何适应学校教学管理的实际需求，而非制度本身的优劣。

学分制的灵活性主要体现在以下几个方面：首先，它允许学生根据自己的兴趣和发展方向选择课程，增加了学习的自主性和选择性。其次，学分制有助于学生合理安排学习时间和进度，平衡学术与实践、专业与兴趣的关系。最后，学分制促进了课程的模块化和多样化，有利于教学资源的优化配置和学生综合能力的培养。然而，学分制也面临一些挑战，如课程安排的复杂性和学生自我管理能力的要求较高。为此，高校需要在学分制的实施过程中，加强对学生的指导和支持，完善学业规划和课程选择的咨询服务，提高学生的自我管理和学习能力。

相比之下，学年制的优势在于其统一性和规范性。学年制有助于学校统一安排教学计划和课程进度，确保教学活动的有序进行和教学质量的统一标准。学年制也便于学校对教学过程的监控和管理，及时发现和解决教学中存在的问题，提高教学效果和质量。但学年制也存在一些局限性，如课程安排的刚性和学生选择的受限性。为了克服这些问题，高校可以在学年制的基础上，适当引入学分制的灵活性，如开设选修课程、推行学分积累和转换等措施，提高教学管理的灵活性和适应性。

（二）高校教学管理的职能

在教学管理活动中，精准发挥管理职能至关重要。管理职能通过决策、计划、组织、实施、指挥、协调、监督、检查和总结等环节相互联系，形成一个有效、系统的管理过程。

1. 决策与计划的职能

决策与计划是教学管理的核心职能，是确保教育体系高效运作的基础。决策设定未来实践的方向和目标，计划则制定具体实施方法，二者构成了教学管理工作的基石。

在教学管理中，决策和计划涵盖了目标预测、资源分配、教学内容安排和评估机制等方面。具体包括全面的教学规划、教学计划、教学政策法规和具体管理工作计划，对学校教学工作和管理系统具有重要意义。

教学规划是长远的战略性决策，确定学校未来的发展方向和目标。具体的教学计划细化和落实教学规划，涵盖课程设置、教学内容、进度和方法。教学政策法规为教学管理提供法律和政策依据，确保规范化和制度化。

具体管理工作计划则包括安排教学任务、管理教学设备、调配资源等，确保教学活动有序进行。科学合理的决策和周密的计划能够提升教学管理水平，促进学校教学工作的顺利开展和教育质量的不断提高。

2. 组织与实施的职能

组织与实施是教学管理系统中的核心职能，确保管理计划得以顺利执行。组织设计包括任务结构的划分、权力关系的确定、人员的合理配备以及规章制度的制定，形成一个有序的管理框架。这一设计过程需要明确每个任务的具体内容，建立清晰的职责分工，并确定相应的权力关系，以便各部门和人员能够高效协作。此外，人员的合理配备和规章制度的建立也是确保计划顺利执行的重要基础。

组织行为则是将计划付诸实践的过程，通过明确目标、统一指挥、分工合作和责任明确，确保工作按时、按量、按质完成。在这一过程中，管理者需要协调各方资源，合理安排工作步骤，统一指挥，确保所有参与者朝着共同的目标努力。同时，明确每个人的职责和任务，确保每项工作都有专人负责，避免职责不清、推诿扯皮的情况发生。

通过组织与实施这一系统，学校能够高效协调各项教学活动，推动教学管理工作的全面落实，提高教育质量和管理效能。这不仅有助于学校内部的良好运行，也为学生提供了更加优质的教育服务，促进了学校的整体发展。有效的组织与实施是教学管理系统中不可或缺的环节，只有通过科学的组织设计和高效的组织行为，才能确保教学管理计划的顺利执行，达到预期的教学目标。

3. 指挥与协调的职能

指挥与协调作为教学管理系统的核心职能，扮演着确保教育机构有效运行的重要角色。指挥通过行政权威和专业知识指导下属的教学活动和管理实践，以达成教育目标和学校使命。这涵盖了领导团队、制定政策、规章制度的执行以及资源分配等方面。协调则是管理过程中不可或缺的部分，它确保各个管理环节和各类教育要素之间的协调一致，以应对内外部环境的变化和挑战。协调工作包括制订详细的工作计划、有效的沟通策略和灵活的调整措施，以确保教育机构的各项活动在时间、资源和质量上达到预期的效果。

指挥与协调的有效结合，不仅确保了教学管理系统的高效运作，还促进了教育质量的提升和管理效能的增强。在现代教育环境中，这两个职能不断演变和调整，以适应快速变化的社会需求和教育改革的推动。有效的指挥与协调不仅关乎教育机构的内部稳定和发展，也影响到学生学习成果和教职员工的工作满意度。因此，教学管理者需要具备良好的领导能力和协调能力，以应对复杂多变的教育管理挑战，为教育事业的长远发展奠定坚实基础。

4. 监督与检查的职能

监督与检查在教学管理中扮演着关键角色，监督侧重于观察和确保教学活动按照预期执行，督促各项工作顺利进行。与之不同，检查则是对预设目标、决策和计划实施的全面评估，旨在发现问题并推动改进。检查不仅是一种管理控制手段，也是信息反馈的重要途径，通过评估过程中的各个环节，确保教学管理的有效性和效率。

在教学管理实践中，检查职能可以根据时间、范围和方式进行分类，包括日常监督与阶段性评估、全面检查与专项审视，以及其他检查方式（如自上而下、相互和个人评估）。这些不同形式的检查不仅有助于监控和评估教学过程的执行情况，还能提供关键的反馈信息，为教育管理者和决策者提供依据，以改进和优化教育工作的方向和策略。

5. 评价与控制的职能

评价与控制是教学管理的重要职能。评价通过科学分析和价值判断，利用教学评估和系统分析方法，衡量教学效果与目标的实现情况，为后续决策和控制提供信息支持。控制则根据评价结果，调整和纠正计划执行中的偏差，确保教学目标的顺利实现。这两者共同构成教学管理系统的核心功能，涵盖课程、课堂、教师、学生以及课外活动的多方面评估。

在控制方面，教学管理依靠前馈、过程和事后三种控制方式，以确保教学过程的有效运行和目标的持续达成。评价与控制的有效实施，不仅能够提升教学质量，还能帮助教育管理者及时调整策略，应对变化的教育环境和需求，促进教育体系的持续改进和发展。

6. 总结的职能

总结是教学管理中周期性的重要环节，既是当前工作的结算，也是未来工作的起点。通过科学方法对工作进行全面系统评估，肯定成绩，找出缺点，总结经验，探索规律，并确定未来的努力方向。总结不仅有助于积累管理经验和提升管理水平，还推动教学管理向科学化方向发展。通常在学期或学年结束时进行，分为全面总结和专题总结，以计划目标和检查结果为基础，激励组织成员，建立奖惩机制，促进教学工作的健康发展。

（三）高校教学管理系统的结构

教学管理的结构涵盖了系统中各要素之间的相互联系和相互作用方式，以及它们在系统内的组织秩序。在高校中，教学管理结构主要分为教学和学习两个系列，每个系列包括六个层次。从决策层和教务处到学院、系（部）、具体的教研室或年级组，再到教师或学生，这些层次共同构成了一个完整的教学工作和学习管理体系。这种结构不仅确保了教学活动的有序进行，还促进了教师与学生之间，以及各个管理层级之间的有效沟通和协作，从而支持和推动教育质量的提升和学术成就的实现。

具体构成如下：

第一层：决策层。

学校的校长作为主管教学工作的领导，负责召开行政会议并主持整体教学管理的决策。在这一层次上，校长通过调查研究进行科学决策，实现对教学工作的宏观调控。校长承担全面负责教学质量的责任，以学校的定位、任务和目标为基础，将提高教育教学质量和培养高级人才视为核心任务。

第二层：教务处。

教务处作为学校教学管理的核心部门，直接受校长领导，主要承担规划、组织和调度全校的教学工作。其主要职责涵盖确定学科设置、制定教学目标、策划教学计划、安排教学任务，以及监督和评估教学工作。同时，教务处还负责管理各专业的教学活动，确保教学质量，并处理学校的教务行政事务。

第三层：学院。

学院作为高等教育改革的产物，由相关学科、系、部门组成，有利于学科交叉与资源共享，便于教学管理。在教务处的整体规划指导下，学院根据学科特点组织和管理教学工作，负责对系部的工作进行安排和调配，并全面管理本院的教学活动。

第四层：系（部）。

系（部）的主要职责包括组织各专业教师进行教学任务，定期开展教学研究并总结经验，旨在提升教师的思想水平、专业水平和教学能力。此外，系（部）还承担师德、教风和学风的塑造，建立良好的教师团队，优化教学工作，以提升整体教学质量。

第五层：教研室和年级组。

教研室是依据学科和专业特点组织的教学科研部门，负责直接管理教师的教学和科研工作。在高校中，年级工作主要由辅导员负责管理。

由于不同年级的学生具有不同的思想状况和学习需求，教学管理必须根据年级特点和学生心理情况进行组织，并定期进行教学评估和学科竞赛。

第六层：教师和学生。

教师作为具体实施教学工作的核心，承担着确保课程教学质量的责任，同时需要持续拓展和深化专业知识，不断提升个人素质和教学能力。而学生则是教学活动的参与者和受益者，他们需要自我管理学习进程，合理制订学习计划，并选择适合自己的学习方法。在支持教师的教学工作的同时，学生还应积极提出建设性的反馈意见，与同学进行学术交流和深入讨论，共同推动学术成长和教学效果的提升。

在上述两个系列的六个层次中，还存在着反馈系统。学校必须建立顺畅的教学信息反馈系统，及时了解教学过程中的实际情况，根据反馈意见调整教学工作，确保教学质量和运转的有效反馈机制。

（四）高等教育的课程管理体制

课程管理的核心在于实现人才培养质量，应以学生为本，坚持多元主体利益诉求的价值取向。这需要课程管理制度改革明确目标设定、规范管理过程，促进多元协同管理。

1.课程设置与人才培养目标的适应性

高校课程管理制度改革的核心在于实现人才培养的目标。为此，改革应着眼于几个关键方面。

首先，明确课程设置，确保其符合学校的特色和学生的需求。这意味着打破学科之间的隔离，促进学科的融合与交叉，从而构建系统化和创新化的课程知识结构。这样的课程设置不仅可以提升学术的深度和广度，还能够培养学生的创新思维和价值观。

其次，通过综合性课程体系和通识教育的融合，加强专业调整和教育内容的丰富性。综合性课程体系能够跨越传统学科的界限，为学生提供更广泛的学习视角和跨学科的学习体验，从而培养出更具创新能力和综合素养的人才。

最后，改革应该注重推动新知识的发展和应用。通过引入前沿的学术理论和实践成果，课程管理制度可以更好地反映当前和未来社会需求，使学生在学习知识的同时，也具备应对现实挑战的能力。

2. 完善课程实施的支持体系

在高校教育中，培养创新人才应贯穿于课程实施的全过程。为实现这一目标，课程管理制度改革应以教学规律和学生发展规律为指导，构建以学生为中心的教学创新体系。从以教师为中心的灌输式教学转变为以学生为本的参与互动式教学，是激发学生学习积极性、促进其全面发展的关键。

一个完善的教学资源支持体系是课程实施顺利进行的关键。在学生为本的理念下，通过改革整合教学资源，将教学与科研融合，形成资源共享平台，推动人才培养。例如，清华大学提出的综合型、研究型课程教学模式，将实践教学和科研引入课程，鼓励学生参与实践和科研活动，促进教学与科研资源的互补与共享，有助于学生的全面发展。

为确保课程实施的效果，需要建立有效的课程评价制度。这一制度不仅对教师的教学效果和学生的学习成果进行评估，还赋予学生参与课程评价的权利。通过学生的参与，可以更全面地了解教学质量的实际情况，从而调整和优化教学过程，实现人才培养的目标。

通过以学生为中心的教学创新体系、完善的教学资源支持体系以及有效的课程评价制度，课程管理制度改革能够有效促进创新人才的培养。这些措施不仅提升了教育质量，还为学生的综合发展和社会需求的适应能力奠定了坚实基础。

3. 多元主体的管理目标协同

随着社会市场经济的不断发展，政府在高校课程管理制度改革中扮演着重要角色，既是主要资金提供者，也是制定宏观政策的主导者。政府通过参与课程管理制度改革，旨在促进人才培养目标的实现，并获取宏观效益。政府的宏观政策制定和资源投入，推动了高校课程管理体系的现代化和优化，以适应社会和市场的需求变化。

高校在课程管理方面的自主性发挥了关键作用。通过整合和优化课程资源，高校能够灵活实施学分制和弹性选课制度，确保提供多样化课程，满足不同人才培养需求，进而促进高校的教育质量和发展水平提升。这种自主性不仅提升了高校的办学效率，还激励了创新教学方法和内容设计的实施，从而推动人才培养模式的不断创新和提升。

学生和教师作为高校教育活动的核心参与者和利益主体，对于课程管理制度改革至关重要。他们参与课程制定、实施和评估，积极推动教学水平的提升。学生的反馈和需求直接影响课程设计的方向和内容，而教师的专业知识和教学方法则直接决定了课程的实施效果。这种共同参与和合作，推动了高校教育的质量提升和人才培养模式的革新。

面向社会开放办学是另一个关键因素，通过引入社会力量参与课程管理，高校能够更好地响应社会和行业的需求，确保人才培养目标与社会利益的协调。这种开放性不仅丰富了课程内容和实践教学机会，还促进了校企合作与科研成果的转化，为学生提供了更广阔的发展平台和就业机会。

政府的宏观政策引导、高校的自主管理、学生教师的参与合作，以及社会的开放参与，共同推动了高校课程管理制度改革的进程。这些因素相互作用，促使高校更好地实现人才培养目标，为社会和经济发展提供持续的人才支持和智力支持。

4. 高校课程管理的核心与改革价值

高校课程管理是教学运行的核心，其制度改革的价值取向决定了教学运行机制的方向和核心。不同历史阶段的课程管理制度改革价值取向有所不同：在计划经济时期，以社会为中心，人才为辅助；随着市场经济转型，传统取向不再适应社会经济发展和课程改革目标，需要倡导以学生为中心的管理理念，提升人才培养质量，实现多元利益主体的参与。

（1）提高人才培养质量

提高人才培养质量是高等教育的中心任务，直接影响着教育的质量和国家的发展竞争力。为了实现这一目标，高校课程管理制度改革显得尤为关键。这种改革不仅仅是对课程设置和教学方法的调整，更是对教育理念和体制机制的深刻革新。

改革必须确立先进的教育理念。质量至上是其核心导向，强调在培养学生的过程中，应注重其实际能力的提升和创新思维的培养。教育不仅仅是传授知识，更要培养学生解决问题和创新的能力。这种理念的确立需要从高校的领导层到教师和学生的共同认同与实践，构建起全员参与的教育质量共识。

实现质量提升需要建立科学的质量监控体系。这包括对课程设置、教学方法、学生学习成果等多方面的评估和监测，以便及时发现问题并进行调整。科学的数据分析和评估，可以不断优化教学内容和方法，提高教育的实效性和针对性。

推广问题导向的教学方法是提升人才培养质量的重要途径。这种方法强调学生在学习过程中通过解决实际问题来学习和应用知识，从而增强他们的实践能力和创新能力。高校应该鼓励教师通过案例分析、团队项目和实地实习等方式，培养学生的综合素质和解决问题的能力，使其具备在现实工作中应对挑战的能力。

构建多元化的教学体系也是必不可少的。高校可以通过整合专业课程和通识教育，开展跨学科的课程设置和教学，为学生提供多样化的学习选择和发展路径。这不仅有助于培养学生的全面发展，还能够激发他们的学习兴趣和创新潜力，从而更好地适应社会和经济的快速变化。

（2）以学生发展为本

高校课程管理的核心在于以学生发展为本，将学生视作课程的核心和建设的主体，他们在课程管理中扮演着关键角色。为实现这一理念，教育者首先需要深刻尊重和理解学生的个性化需求，建立以学生发展为中心的教学体制。在这样的体制下，教师不再仅仅是知识的传授者，而且是启发式互动教学的实践者，通过引导学生参与课堂讨论、自主探索和研究问题，促进学生的自主发展和创新能力的培养。

创新课程内容是实现以学生为本理念的关键一环。教育者应设计和呈现新颖的课程内容和学习方式，以激发学生的创造力和批判性思维。通过引入实践案例、跨学科内容和现实生活挑战，学生能够更好地理解和应用所学知识，从而在实际中展现其创新潜力。

全程融入以学生为本的理念，意味着学生在课程的决策、实施和评价中拥有参与权和决策权。建立民主开放的教学环境，教育者应当鼓励和支持学生参与课程设计、评估和改进，确保课程内容和教学方法符合学生的学习需求和兴趣。这种参与不仅调动了学生的学习积极性，还促进了其全面发展，培养了他们的领导能力和团队合作精神。

（3）多元主体的利益诉求

课程在高等教育中扮演着核心角色，直接决定人才培养的质量。随着高等教育的普及化，课程质量成为关注焦点，课程管理制度的改革显得尤为重要。这种改革的效果直接影响着人才培养目标的实现以及各个利益主体的利益。政府重视高质量人才的培养，这不仅能推动经济和政治的发展，还能增强国家竞争力。

高校管理者追求高效的教学和管理，通过优化课程设置、完善教学方法和评估体系，努力提升教学质量和学生满意度。教师在课程管理中希望获得更多的参与和认可，期待能够在课程设计和实施中发挥更大的作用，为学生提供更具创新性和实用性的教学内容，促进学生全面发展。学生则追求技能的提升和就业能力的增强，希望通过高质量的课程体验获得实际应用能力和专业知识，以更好地适应未来的职业发展需求。企业希望与高校建立合作关系，实现双赢局面，通过参与课程设计和实施为培养市场需求的人才提供支持和资源，同时最大化他们的人才投资回报。

课程管理制度改革不仅是提高人才培养质量的关键，也是促进多元主体利益的重要途径。通过政府、高校管理者、教师、学生和企业的共同努力，可以建立起更加开放和有效的课程管理体系，为社会需求和个体发展提供更好的支持和保障。

二、学生教师管理

学生教师管理是推动教育教学质量的重要保障。在学生管理方面，旨在通过建立完善的学籍管理制度、学生服务体系和学业指导机制，确保学生的全面发展，满足其个性化需求，同时培养学生的自主学习能力和社会责任感。在教师管理方面，则注重教师的专业发展、教学评估和激励机制，旨在打造高素质、专业化的师资队伍，提升教学质量和科研水平。通过优化学生教师管理，高等教育管理建设为培养优秀人才和推动学术创新提供了坚实基础。

（一）学生管理工作概述

高校学生管理作为教育的基本任务，旨在培养高素质人才，以满足社会需求和国家发展的需要。这项工作不仅仅关注于传授专业知识和技能，更重要的是涉及学生全面素质的提升，包括其人格、道德、社会责任感等方面。

随着教育改革的推进，高校学生管理逐步向以人为本、服务化和制度化方向发展。这种转变不仅仅关乎管理的方式和手段，更意味着教育机构对学生个体需求的深入理解和关注。现代高校学生管理涵盖了广泛的内容，包括思想引导、生活服务、就业指导以及心理健康维护等多个方面，旨在全面促进学生的成长和发展。

为了提升高校学生管理的水平，可以借鉴西方科学化发展模式的经验与做法。首先，需要设立明确的管理目标和指标体系，以确保管理工作能够精准地服务于学生的成长需求和教育目标。其次，完善管理体系和规章制度，建立科学有效的管理机制，确保管理工作的规范化和系统化。最后，重视对学生个体差异的正确认知，通过个性化的服务和关怀，更好地满足不同学生的成长需求。

此外，培养高素质的学生管理人员也是提升管理水平的关键。这些管理人员需要具备良好的教育背景和丰富的实践经验，能够有效地应对复杂多变的教育环境和学生需求。他们不仅要具备管理技能，还需关注学生的心理健康、情感需求和社会适应能力，全面推动学生的综合素质发展。

高校教育在国家人才培养中扮演着至关重要的角色，不仅为各行业培养专业人才，也是国家发展的主要推动力量。随着教育行业的成熟和专业化发展，学生管理作为一个独立的专业学科开始显现出其重要性。

专业化的学生管理要求从业人员具备广泛的跨学科知识，涵盖教育学、管理学、心理学等多个领域，并且需要丰富的实践经验。这些要求确保从业人员能够有效地指导学生在日常生活、心理健康、学业规划、活动组织以及就业指导等方面全面发展。

国外的经验表明，学生管理从业人员通常接受系统的专业教育和培训，以满足复杂多变的学生需求。相比之下，我国在这方面尚需加强，特别是提升从业人员的专业素养和实际操作能力。通过引入先进的管理理念和方法，可以有效提升学生管理工作的质量，进一步服务于高等教育事业的发展。

在实践中，专业化的学生管理人员不仅仅是管理者，更是教育者和指导者的角色。他们需要能够理解和应对学生的多样化需求，制定个性化的发展方案，促进每名学生的全面成长。这种个性化的关怀和指导不仅有助于学生在学术上的成功，还能够培养其社会责任感和领导能力，以应对未来的挑战和机遇。

因此，提升学生管理从业人员的专业素养和实际操作能力，是保障高等教育质量和学生综合素质发展的关键。系统的培训和教育，以及引入国际先进经验，可以有效推动我国学生管理工作的现代化和专业化，为每一位学生的成功和国家发展注入更多正能量。

（二）学生管理工作专业化的制度保障

当建立高等教育学生管理的健全框架时，确立清晰的角色和地位是至关重要的，它是保障有效运作的基石。学生管理的制度化推动了专业发展的实践，确保了管理工作的稳定性和可持续性。这些系统的完整性和有效的激励措施对提升管理质量至关重要。

现代大学正逐步采用灵活而有结构的管理方法，类似于艺术形式，以适应学生的多样性需求并促进其全面发展。通过整合创新策略，学校能够激发学生的创造力，帮助他们为未来的挑战做好准备。这种管理方式不仅注重学术能力的提升，还强调个性化发展和实践能力的培养，从而为学生的职业生涯奠定坚实基础。

理解学生参与和多样化需求对于一个健全的管理框架至关重要。学校需要建立量身定制的支持系统和响应灵活的服务，创造有利的学习环境，以支持学术和个人成长目标的实现。通过与学生的密切互动和反馈机制，管理者能够更好地了解学生的需求和挑战，从而调整管理策略，提升服务质量和管理效能。

培养学生管理的专业精神需要持续的评估和调整。现代大学优先考虑持续改进，利用反馈和数据洞见来完善方法。这种实践不仅能够提升学生管理工作的效率和质量，还能够有效应对教育领域的新趋势和社会需求的变化。

一个健全的学生管理框架不仅确保了管理工作的高效运作，还为学生的综合发展和未来职业成功做好了充分准备。通过秉承创新精神并营造支持性环境，学校能够提升学生的整体学习体验，积极推动教育事业的进步和发展。

（三）学生管理体制创新策略

教育管理制度建设应以学生的根本利益和发展为首要目标，落实以人为本的科学发展观，通过构建人性化制度和柔性管理机制，赋予学生应有的权利，促进其全面发展，弥补当前高校学生管理制度中的人本化缺失问题。

1. 坚持"以生为本"的管理理念

构建"以生为本"的高校学生管理制度，实现学生全面发展，是现代高校教育的核心目标。"以生为本"的理念强调满足学生需求、促进学生发展、实现学生价值，是创新管理模式的基础。高校应优先考虑学生的培养，将其作为所有工作的首要任务，避免忽视学生管理，在管理中尊重学生主体地位，让学生自我教育，把培养高素质学生和学生荣誉作为工作的最大成就。

坚持"以生为本"的高校学生管理理念，旨在打破传统的"以师为本"或"以校为本"的管理模式，强调重视学生的主体需求和个性差异，保障学生的合法权利，促进其全面且可持续地发展。这一理念不仅强调管理应服务于学生的发展需求，还主张通过提供个性化的管理和服务，结合国家和学校的人才培养目标与学生成长需求，实现学生个人价值和集体价值的有机统一。

在这一理念下，高校管理需要树立管理服务的意识，将学生置于管理工作的核心位置。首先，管理者应尊重学生的个性差异和发展需求，制定灵活的管理政策和制度，鼓励学生自我管理和自主发展。通过建立有效的沟通机制，听取学生的意见和建议，使学生在管理过程中发挥积极作用，从而增强他们的主人翁意识和责任感。

其次，注重思想多样性和个性化发展是"以生为本"理念的重要体现。高校应营造包容和开放的校园文化，鼓励学生表达自己的观点和想法，尊重他们的选择和兴趣。通过多元化的教育和活动，激发学生的创造力和创新精神，使他们在多样化的环境中得到全面发展。例如，提供丰富的选修课程和课外活动，满足学生不同的兴趣和需求，促进他们在学术、文化、体育等方面的全面发展。

最后，管理服务的个性化是实现"以生为本"理念的重要手段。高校应根据学生的不同需求，提供个性化的管理和服务，如心理辅导、职业规划、学业指导等。通过建立一对一的导师制度，为学生提供个性化的学业和生活指导，帮助他们解决在学习和生活中遇到的问题和困难。同时，注重学生的心理健康，提供心理咨询和支持服务，帮助他们应对压力和挑战，促进其身心健康发展。

为了确保"以生为本"理念的实施，高校还需要建立科学有效的评价机制。通过对学生的全面评价，了解他们的需求和发展状况，不断改进管理服务，提升管理水平和教育质量。例如，定期开展学生满意度调查，听取学生的反馈意见，并根据调查结果进行调整和改进。同时，建立激励机制，奖励在管理服务中表现优秀的教职工，激励他们不断提升管理服务的质量和水平。

在实践中，高校还应注重引导学生发挥自主意识和独立思考能力，培养他们的自主学习和自我管理能力。通过开展各种形式的自主学习和实践活动，激发学生的学习兴趣和动力，提高他们的自主学习能力和创新能力。例如，鼓励学生参与科研项目和社会实践，培养他们的实践能力和创新精神。同时，通过建立学生自治组织，培养学生的领导力和团队合作能力，增强他们的社会责任感。

2. 学生管理制度体系建设理念

具体可分为以下几方面展开。

第一，融入文化管理机制。高校学生管理应提高学生的自我约束和理性自主能力，通过文化影响来塑造和引导学生行为。高校管理文化涵盖育人理念、学术发展、办学特色和管理人员的管理文化，强调学生的主动性和自觉意识。人本化学生管理的目标是通过文化自觉性和优秀文化的潜移默化影响，实现文化管理，使管理制度具有人文色彩和温情。高校学生管理制度应融入人文精神和价值观，使学生认同学校的管理理念，增强使命感和荣誉感。刚性的制度管理为文化管理提供保障，而文化管理提升了制度管理的层次，实现科学化和人本化管理。

第二，建立柔性化管理机制。高校学生管理应从传统的强制性管理转变为服务导向的柔性化管理机制，以学生为服务主体，关注和解决学生最关心的问题。通过激励引导学生树立理想、培养科学思维，将个人梦想与国家发展结合。重视学生的创造性和合法权益保护，确保处分程序正当，避免硬性冲突。充分发挥学生的主体能动性，促进自我管理，培养自主自立意识。结合高校多样化文化，增强管理服务对学生心理和思想的影响。

第三，建立制度反馈机制。高校应建立健全学生制度反馈机制，通过及时处理学生意见，确保制度的合理性、执行力和落实情况。设立专门的反馈部门，收集和分析学生意见，制定相应改革方案，确保反馈及时、经常和规范化。公开工作计划和进程，保障学生的监督权，推动管理制度的民主化和规范化，从人本化角度完善和重构学生权利制度。

3. 优化学生管理制度体系实现途径

推进高校"人本化"制度建设需要采取一系列综合措施，以更好地适应新时代的教育需求和社会发展要求。这些措施包括政校分开、管办分离，扩大学校办学自主权，完善内部治理结构，加强大学章程建设，扩大校企合作，以及推进专业评价。

"政校分开、管办分离"是推进高校"人本化"制度建设的基础。构建政府、学校和社会的新型关系，取消行政化管理模式，是实现高等教育现代化的关键。通过改变高校隶属关系，减少政府对高校的直接干预，赋予高校更多的自主权，可以提高高校的办学效率和管理水平。这样的改革将有助于营造一个更加自由和开放的学术环境，促进学术创新和教育质量的提升。

"扩大学校办学自主权"是推进高校"人本化"制度建设的重要环节。增强高校自主选择权，支持国际交流与合作，提高办学自主性，是提升高校竞争力和国际影响力的必要条件。高校应在学科设置、课程安排、教师聘任、学生招生等方面拥有更大的自主权，以便根据自身的办学特色和社会需求，灵活调整和优化教育资源配置。同时，鼓励高校积极参与国际交流与合作，借鉴国际先进经验，不断提升自身的办学水平和教育质量。

"完善内部治理结构"是推进高校"人本化"制度建设的关键。加强党委领导，发挥学术委员会的作用，激发师生参与管理的动力，是确保高校治理结构合理化和科学化的重要措施。通过建立健全的内部治理机制，明确各级管理机构的职责和权限，充分调动和发挥广大师生的积极性和创造性，可以提高高校的管理效率和决策水平。同时，鼓励学术委员会在学术事务管理中发挥主导作用，确保学术决策的科学性和公正性，促进学术自由和学术创新。

"加强大学章程建设"是推进高校"人本化"制度建设的重要保障。落实大学章程审批工作，提升相关人员对章程的认识和理解，是实现高校依法治校的基础。大学章程是高校内部治理的重要法律文件，明确了高校的办学宗旨、管理体制、运行机制等基本内容。通过加强大学章程建设，可以规范高校的管理行为，保障师生的合法权益，促进高校的可持续发展。

"扩大校企合作"是推进高校"人本化"制度建设的有效途径。通过与企业的深入合作，促进知识价值实现，帮助学生树立正确的目标和价值观，是提升高校人才培养质量的重要手段。高校应积极拓展与企业的合作渠道，开展联合科研、技术转移、实习实践等活动，推动产学研结合，促进科技成果转化。同时，企业可以为高校提供更多的就业和创业机会，帮助学生更好地适应社会需求和职业发展要求。

"推进专业评价"是推进高校"人本化"制度建设的有力措施。鼓励专业机构评估高校质量，形成中国特色的学校评价模式，是提高高校办学水平和教育质量的重要手段。通过建立科学、合理、透明的评价体系，对高校的办学条件、教学质量、科研水平等方面进行全面、客观的评估，可以促进高校不断改进和提升自身的办学水平。同时，结合我国的实际情况，探索和建立具有中国特色的学校评价模式，推动高等教育事业健康发展。

4.发挥学生在管理制度建设中的主体作用

高校学生管理在适应新时代大学生特点的同时，必须转变传统的管理方式，确立学生在管理中的主体地位。以"以生为本"的管理理念为指导，要求尊重学生的主体地位和个体价值，推动依法治校，确保学生在制度制定中的参与权。这种管理理念不仅关注学生的权利保障，还强调通过有效的管理和服务，促进学生的全面发展和可持续成长。

在实践中，高校应当通过制度化手段，赋予学生更多的自主管理权。这意味着制定和实施能够充分反映学生需求和利益的管理政策和规定。例如，建立和完善学生自治组织和代表机制，使学生能够直接参与管理决策的过程，包括课程设置、学生生活服务、校园文化建设等方面。这不仅能够有效减少学生与管理者之间的冲突，还能够增强学生对学校事务的参与感和责任感。

在制度建设过程中，高校还应依靠学生参与构建矫正机制，不断改进和优化管理制度。这种矫正机制不仅限于单一的惩戒性质，更应包括对学生参与和反馈的回应机制。例如，通过建立学生反馈渠道和投诉处理机制，及时纠正和解决管理中存在的问题和矛盾，确保管理制度的公正性和有效性。

同时，高校管理者应增强管理服务意识，将学生从管理客体向管理主体的转变作为管理目标之一。这意味着管理者不仅仅是实施管理政策和规定的执行者，更应当成为能够引导和支持学生自主发展的服务者和伙伴。通过提供个性化和差异化的服务，如心理健康辅导、就业指导、学业辅导等，帮助学生克服困难，实现自身价值和成长目标。

（四）教师人力资源管理体制

高等教育的教师人力资源管理体制是一个全面而细致的体系，通过构建多样化的激励机制，可有效激发教师的工作热情和创造力，共同推动高等教育事业的蓬勃发展。

1. 人力资源概念与高校教师人力资源管理

人力资源指的是组织发展中的重要资源，不仅仅是管理对象。其核心在于对"人"和"能力"的理解：在人数稳定的情况下，重点在于能力；在人数不稳定的情况下，则侧重于"人"本身。

人力资源的核心在于其能力和贡献，作为财富的重要来源。定义为特定区域内的劳动人口总称，人力资源具备知识、技能和经验等质与量的属性，同时具有自然和社会属性。其特点包括：①能动性，即所有活动皆由人引发和控制；②收益递增性，指人力资源在生产中收益逐渐增加；③社会性，与社会活动密切相关；④层级性，分为低、中、高层级并可通过开发实现转变；⑤创造性，通过智力与体力结合推动社会发展。

高校教师在人力资源中担任核心角色，其素质和水平直接影响教学和科研水平。除了一般人力资源的特征外，高校教师具有以下特点：①主观能动性强，激发工作积极性和对教学科研的热情；②劳动成果实现周期长，培养出具备知识技能的人才需要较长时间；③具有流动性，为适应人才需求和实现个人发展，教师期望更好的发展机会。

当前，我国高校教师人力资源管理体制可以分为外部体制和内部体制两个方面。外部体制包括国家户籍、劳动人事、档案管理以及教师资格制度等法律法规的规范，为高校教师管理提供了法律框架，但也可能限制了高校内部的自主管理。内部体制涉及高校自主管理的事务，如管理模式、机构设置和教师编制，直接影响管理效率和运作灵活性。目前我国高校教师人力资源管理的内部体制存在诸如招聘不透明、评价标准不统一、激励机制不完善等问题，需要通过优化管理流程、建立公正透明的机制、完善激励政策等措施来提升管理效能和教育质量。

2. 高校教师人力资源管理体制的特征

对于高校教师人力资源管理，核心目标在于满足教师需求的同时，充分发掘其创造潜力和个体发展需求，以支持整体教育质量和学校发展。管理体制的多样化目标应考虑教师个人与组织整体目标的有机结合，实现管理的高效与人性化并重。

高校应统一不同管理理念，融合规范化与柔性化管理策略。规范化管理确保教师行为符合法律、政策和学校规章制度，从而保障教学质量和管理效率。同时，柔性化管理则关注教师个体差异和需求，允许灵活的工作安排和发展路径，以激励教师的创新和专业成长。

建立符合长远发展战略的人才战略至关重要。这需要将教师的个人绩效评估与高校整体目标紧密结合起来。通过明确的绩效评价标准和激励机制，如学术成果、教学质量、科研能力等多维度评估，可以激发教师的工作动力和创造力，同时确保他们的成长与学校战略目标的一致性。

有效的教师人力资源管理还需强调长期的职业发展支持。高校应提供多样化的职业发展路径和培训机会，帮助教师不断提升专业技能、教学方法和科研能力。此外，还应积极支持教师参与国际学术交流和合作项目，拓展其学术视野和影响力，从而增强学校的国际竞争力和影响力。

高校还应加强教师管理信息化建设，利用现代信息技术和数据分析手段，实现教师管理的精细化和智能化。通过建立健全的信息系统，实现教师档案管理、绩效评估、教学安排和资源分配的科学化和透明化，提升管理效率和服务质量。

（五）教师人力资源管理体制改革策略

在探讨我国高校教师人力资源管理体制的改革策略时，首先需要明确的是，随着教育事业的快速发展和全球化竞争的加剧，传统的教师人力资源管理模式已难以满足新时代的需求。因此，改革的首要任务是构建一套更加科学、合理、高效的管理体制，以更好地激发教师的积极性和创造力，促进高等教育质量的提升。

1. 刚性管理与柔性管理相结合

刚性管理指高校管理者采取的一系列硬性管理措施，包括严格的规章制度和行为规范，以提升管理效率和质量。在刚性管理中，管理者重视绩效和结果，坚持照章办事，力求完善管理原则和制度。然而，刚性管理的局限性在于缺乏对教师个性化需求的考量，可能导致管理与教师意愿的背离，阻碍教师的创新能力和自主性发展。

刚性管理模式通常采取自上而下的管理方式，偏重于量化管理和行政手段，忽略了与教师的横向沟通与协调，这不利于教师资源的充分发挥。虽然严格的规章制度有助于教师行为的规范，但过度的硬性管理可能抑制教师的工作积极性，导致管理效率低下。

柔性管理是针对环境变化采取的灵活管理策略，如调整教师结构、工作时间和福利等因素，以更好地满足不同需求。柔性管理强调以教师为本，尊重教师的自主性和创新能力，充分考虑教师的个性化需求和工作情境。

在柔性管理下，管理者注重情感投入和激励措施，致力于营造积极的工作氛围和良好的人际关系。柔性管理不仅关注于管理规章制度的灵活性，更注重在教师管理中创造多样化的工作条件和激励机制，以促进教师创造力的释放和工作积极性的提升。

综上所述，高校教师人力资源管理体制应综合考虑刚性管理和柔性管理的优势，合理运用两者，以提高管理效率和教师工作满意度，从而推动高校整体发展和竞争力的提升。

2. 教师结构多样化与师生比例合理化

在高校教师的配备中，须考虑学生数量、科研任务和财政预算等多方面因素。例如，发达国家如美国、日本和法国通常通过减少教师编制、增加兼职教师等方式，实现教师结构的多样化，从而拓展学术领域和知识体系，显著提高了师生比例。

相对于发达国家，我国高校长期以来的师生比例偏低，反映了整体劳动生产率的局限。

近年来，随着社会劳动生产率的提升，我国高校教师的投入效益逐步提高。尽管如此，与发达国家相比，仍存在明显差距，特别是在师生比例方面有进一步提高的空间。为此，结合国内高校的实际情况，我国可以借鉴发达国家的成功经验，制定符合实际的政策和措施，重点在于优化高校教师队伍的结构，增加多样性，逐步提升师生比例，以提高教师人力资源管理的效率。

3. 构建基于知识管理的人力资源管理模式

在知识经济时代，知识管理成为高校教师人力资源管理的重要方法和途径。通过建立信息技术支持的知识管理系统，高校能够有效提供最新的知识资源给教师，极大地便利了知识的获取和应用过程。这种系统不仅是高校内部知识交流与传播的重要平台，也为教师的专业发展提供了坚实的支持。

随着科技的进步，知识的具体化和更新速度显著加快，不同领域之间的知识相互渗透与融合更加频繁。在这样的背景下，高校需要建立和完善知识管理系统，以便促进内部的知识创新、交流和转化。这不仅能够加快教师学习和应用新知识的速度，还能提升整体教育质量和科研水平。

在高校的知识经济时代，有效的知识管理对于教师的职业发展尤为关键。通过基于知识管理系统的学习平台，教师可以随时随地获取所需的专业知识，自主学习并提升自己的能力水平。这种灵活的学习模式不仅有助于教师适应快速变化的知识需求，还能培养其持续学习的习惯和能力，从而推动个人和高校整体的发展。

同时，建立健全的薪酬支付体系也是支持教师职业发展的重要组成部分。公平、透明的薪酬制度不仅能提高管理效率，还能满足教师对薪酬公正性和激励性的需求，激发他们的工作积极性和创造力。这种制度的建立需要与高校的战略目标紧密衔接，使教师深刻认识到个人工作与学校整体竞争力的密切关系，共同推动高校朝着正确的发展方向前进。

高校知识薪酬支付体系有助于促进教师的知识使用和创新，是吸引和留住人才的重要手段。然而，现实中大多数高校过于侧重现金薪酬，忽视了教师对职业培训、发展和情感认同的其他需求。因此，高校应该不仅提供货币性薪酬，还需根据教师的特点和需求，提供非货币性奖励，以综合满足教师的多方面需求。

为了充分发挥教师的知识创新能力，高校管理者不仅要评估教师的决策是否正确，还要深入挖掘背后的知识创新能力，以激发教师在教学和科研方面的积极性。因此，高校需要建立以知识为基础的薪酬支付体系，并确保对知识管理活动成果进行科学评价。

另外，高校还需建立促进知识共享的制度体系，以支持教师间的知识交流和合作。这需要从制度、技术和文化三个方面提供支持。例如，建立适合知识创新和共享的组织结构，利用技术平台支持知识库的建设和管理，以及营造有利于知识共享的文化氛围。

最后，高校应制定有效的教师人力资源招聘策略。招聘过程中要充分考虑教师的知识资本特点，并根据高校的发展趋势和特点制定相应的招聘规划。这包括通过合理的选拔程序和条件，吸引符合高校需求的优秀教师，以优化教师队伍结构和提升整体教学质量。

教师人力资源培训策略也至关重要，可以通过有效的培训方案提升教师的知识资本，从而促进高校教育事业的可持续发展。培训应该根据教师的实际需求和知识资本的增值目标进行详细分析和评估，确保培训效果最大化。

这些策略的实施将有助于高校教师人力资源管理体制的现代化和优化，进而提升高等教育的整体竞争力和影响力。

4. 建立科学的激励机制

高校教师人力资源管理体制中的激励机制的构建具体如下：

首先是目标激励机制。它是指根据特定管理目标，指导教师行为，将个人需求与学校目标结合，提高工作积极性和创新性。重要的是确立有效的岗位目标，只有这样才能最大化目标激励的效果。学校应当将自身发展目标与个体发展目标有机结合，设计明确的短期和中期目标，避免目标过于抽象而缺乏动力。此外，科学设置不同岗位的目标并签订聘任合同，实行动态管理，能够有效激励高校教师的积极性。

其次是文化激励机制。高校教师具有丰富的精神需求，热爱自己的职业，因此管理者应注重人文关怀，营造和谐校园氛围。建立积极向上的文化氛围，团结管理层和学术团队，提升校园文化底蕴，可吸引更多高层次人才。同时，民主支持和鼓励能够增强教师的工作热情和满意度，促进共识的形成。

再次是培训激励机制。它是指满足教师发展需要，提供精神支持和原动力。建立全面培训体系，根据不同层次的教师培训需求，制定科学的培训评价体系，加强制度化建设，提高培训的操作性和有效性，从而提升教师的专业水平和工作效率。

最后是绩效考核激励机制。它是指设立科学有效的量化考核标准，确保公正透明的考核过程，并将考核结果与教师利益挂钩，作为晋升和奖励的依据。这种"责权利"相结合的机制能有效提升高校教师管理效率，激励教师的工作积极性和创新能力。

激励机制的建立和完善，有助于优化我国高校教师人力资源管理体制，提升教师的工作满意度和学校整体竞争力。

三、科研经费管理

高等教育管理建设中的科研经费管理，是确保科研活动高效、有序进行的关键环节。这一管理过程涉及对科研经费的筹措、分配、使用以及监督等多个方面。有效的科研经费管理不仅能够支持科研项目的顺利进行，提升科研质量，还能够保障科研资金的安全性和使用的透明度。因此，建立健全的科研经费管理体制，对于推动高等教育科研工作的深入发展、提升科研水平具有重要意义。

（一）高校科研经费管理中存在的问题

高校从政府、企业等各个方面获得的科研经费逐渐增加，与此同时高校科研经费管理中的问题也逐步显现出来。归纳起来，主要有以下几个方面。

1. 高校重视科研经费立项规模和数量，但预算管理不足

在当前的科研经费管理制度下，高校面临着诸多核心问题，这些问题直接影响着科研项目的质量和效率。首先，高校存在着"重立项轻管理"的倾向。即使科研项目的立项过程相对严格，对实际科学研究过程中的管理支持也显得不足。高校管理层往往过于关注项目的立项数量和经费到位情况，这与高校的收入、排名以及与职称评定和工资挂钩密切

相关。然而，对科研成果的追踪和评估却相对薄弱，导致了在科学研究实际过程中，过度强调立项而忽视实际科研工作的现象。

高校科研项目的预算编制存在不健全的情况。预算编制过程中缺乏科学性和精确性，往往存在依据不足、方法不统一、指标论证不充分等问题。部分项目的预算仅仅是简单的估算，这种情况严重影响了科研经费的有效使用，进而影响科研活动的质量和效果。

此外，科研进度与资金拨付不匹配。尽管科研项目的资金通常会在预算批复前进行预拨，以控制项目的进度和执行，但实际操作中存在许多项目未能及时拨付与项目进度相匹配的经费。特别是对于一些重大科研项目，未能按时拨付所需经费，导致科研进展受到不同程度的影响，甚至项目进展受阻。

这些问题的存在严重影响了高校科研项目的质量和效率，因此急需改进管理机制以提升科研经费的使用效能和科研活动的实施效果。高校应当通过以下措施来解决这些问题：首先，加强对科研过程的全程管理，确保科研项目从立项到结题都能够得到适当的关注和支持；其次，完善科研预算编制的标准化和科学化，确保预算的精准性和有效性；最后，优化科研资金拨付机制，确保资金按时、按需、按进度拨付，以保障科研项目的顺利进行。

通过这些改进措施，高校能够更有效地利用科研经费，提升科研活动的效率和成果，推动科技创新和学术进步的实现。

2. 高校经费管理制度滞后，纵向和横向管理制度不平衡

当前，高校的科研经费管理面临着纵向和横向两类经费的区分和管理挑战。纵向经费主要来自国家预算，无偿供给高校使用，因此高校对其管理较为重视，并建立了较为完善的监督体系。然而，横向经费则主要来自企事业单位，属于有偿使用，其管理则面临较大的法律规范缺失和实际执行难题。

目前的情况是，高校在纵向经费的管理上，通常依据国家规定和学校内部管理制度进行监督和使用，确保资金使用合规性和科研成果的有效性。然而，横向经费的管理则相对松散，缺乏统一的法律法规约束和有效的监管措施。这种现象导致了横向经费管理中的执行难题，包括资金使用的透明度、合规性和效率问题，影响了科研项目的顺利进行和成果的实现。

为了解决这一问题，高校需要加强横向经费的法律规范建设和财务管理统一。首先，应当制定和完善相关的法律法规，明确横向经费的管理权限、使用范围和责任分工，确保资金的合法性和透明度。其次，建立健全的财务管理体系，包括资金拨付、使用过程中的审计监督机制，以及科研成果的评估和归属规定，提升管理水平和效能。

科研经费管理政策法规更新滞后。随着市场经济的发展和经费的增加，高校科研经费管理制度和开支标准未及时调整，难以适应当前经济和科研需求。尤其是野外作业类科研项目，现有差旅补贴标准难以覆盖实际费用，影响科研积极性。科研经费预算及执行应随科研进展、价格水平和技术要求及时调整。尽管国家行政机关在简政放权方面取得了一定成效，但部分科研项目预算调整审批权未下放，限制了管理效率。

科研经费分配体制存在不合理问题。目前，科研经费资源集中在少数管理人员手中，缺乏有效的制约机制。在国家科技宏观管理层面，科研经费统筹协调机制不够完善，导致科技资源配置分散管理。各部门如科技部、工信部、教育部、国家自然科学基金委等各自审批各自领域的项目，政府管理难以有效发挥作用，影响了高校管理潜力的调动和科技创新的积极性。

3. 高校科研资产和成果管理不统一，经费使用效益不高

当前，大多数高校在科研资产和成果管理方面存在着诸多问题，这不仅影响了资源的有效利用，还导致了科研经费的无形流失和管理效率的低下。比如，高校普遍存在科研资产管理分散、重复购置和浪费的情况。例如，办公用品、图书资料和仪器设备等科研项目组通常自行采购和使用，缺乏统一的管理和调配机制，导致资源配置不均衡和重复投入。这种分散管理不仅增加了成本，还影响了科研项目的运行效率和成果的产出。

对科研形成的知识产权认识不足也是一个显著问题。管理体系大多停留在简单的登记和档案管理阶段，未能有效计量、记录和监控科研成果这类无形资产。这导致了科研经费的无形流失，未能最大化地保护和利用科研成果的知识产权价值。

另外，当前高校的科研经费管理过程中，虽然存在审计监督，但缺乏成本效益核算和项目绩效考核。科研经费主要用于各种费用支出，但对于经费使用的效益评估和项目绩效的全面考核还有待加强。缺乏科学的成本效益核算和项目绩效考核机制，容易导致经费的浪费和效率低下，影响到科研成果的质量和实际应用效果。

为了解决这些问题，高校可以采取以下措施：建立统一的科研资产管理平台和成果登记系统，实现资产的集中管理和统一调配，避免资源重复购置和浪费；加强知识产权意识，建立健全的知识产权保护机制，确保科研成果的合法性和价值最大化；引入科学的成本效益核算和项目绩效考核机制，对科研经费的使用进行全面评估和监控，确保经费的有效利用和科研成果的质量提升。

4. 高校科研项目过程管理及项目经费财务核算的信息化程度不高

在当前部分高校的科研项目审批和经费管理中，存在着科技、财务、

审计等部门协调不畅、信息化水平不足的问题，这导致了信息共享平台未能充分利用的情况。这种状况影响了教师和各部门之间的科研经费信息共享，预算控制管理职能难以通过网络平台实现，同时也限制了项目负责人实时掌握项目进展和开支情况的能力。财务部门与其他部门的信息共享不及时，未能提供专业化的服务，使得科研经费管理信息平台在沟通协调和实时监督控制方面存在瓶颈。

解决这些问题的关键在于提升信息化管理水平和加强部门间的协同作业能力。高校可以通过建设和优化科研项目审批与经费管理的信息化平台，实现科技、财务、审计等部门之间的信息共享和实时更新。这种平台应当具备高效的数据交换机制和统一的数据标准，确保科研经费的实时监控和预算控制功能能够得以有效落实。同时，高校应加强对教师和项目负责人的信息技术培训，提高其在信息化系统操作和数据利用方面的能力，使其能够更加便捷地获取和管理项目进展及开支情况的信息。这不仅可以提升科研项目管理的效率，还能够减少因信息不对称而带来的误解和延误。

除了上述方法，还建议设立专门的科研经费管理部门或专职人员，负责信息系统的运行维护和用户培训，同时推动科技、财务、审计等部门之间的协调合作，确保信息共享平台的有效运行和数据的及时更新。这样的措施可以有效缓解科研经费管理中信息沟通不畅和监督控制不足的问题，提升高校科研活动的整体管理水平和效率。

通过加强信息化管理水平、优化信息共享平台、提升用户操作能力以及建立专业化的管理团队，可以有效解决高校科研项目审批和经费管理中存在的诸多问题，促进科研活动的顺畅进行和成果的有效实现。

5. 科研经费审计监督不够，绩效评价体系不完善

高校科研项目结题应及时进行，但部分高校监督不足，导致科研人员可能不当使用经费，或将结余资金挪作他用，未及时办理结项手续，导致资金长期挂账。科研项目的验收和评价偏重成果，忽视经费使用情况的考评，造成资金使用效率低下。出现问题的原因具体如下：

监督机制不健全。国家教育部门和相关主管部门对高校进行各种排名和评估时，科研经费的获取量成为重要评价指标之一。这导致高校倾向于扩大科研项目规模，积极申请更多的科研经费，而对于科研经费的实时监督和有效管理的关注不足。

考核指标不合理。许多高校在年度考核、职称评定和职务聘任等重要评价指标中，过度侧重教师申请到的科研项目级别和获取的科研经费数额。这导致科研人员，特别是青年教师，在工作中不得不优先考虑申报更多、更高层次的科研项目，争取更多的科研经费。因此，他们可能无法专心于科学研究本身，合理使用科研经费，而是被迫将精力放在追求表面的考核指标上。

缺乏科研项目中期结题评估和绩效评估。目前高校对科研经费的管理主要集中在预决算编制和会计核算层面，缺乏对获批科研项目过程的监督检查。加强科研项目的中期监控和结题评估至关重要，包括监督项目按计划进行、研究进度、阶段性成果形成、经费执行与研究进展的匹配等。对项目经费的预算支出进行必要的论证，可以有效防止不合理支出和超支现象的发生。

（二）高校科研经费存在问题的原因

新时期高校须深化思想认识，严格执行科研经费使用规定，系统梳理科研经费工作，全面了解问题，并分析高校科研经费管理中的主要问题，以便有针对性地进行高效管理。高校科研经费管理中普遍存在的问题主要有以下几个。

1. 高校科研经费的使用和管理有偏差

当前高校科研经费管理存在的问题包括合同预算与实际使用偏差大、部分科研人员误解经费使用权，导致经费随意挪用或用于非科研支出等。财务部门仅限于记账，未能有效监管，这进一步助长了经费浪费和违规使用的普遍存在。

关于合同预算与实际使用偏差的问题，很大程度上是因为科研项目在立项时的预算编制可能存在不合理或不准确的情况。一些项目可能在预算编制阶段未能充分考虑到实际执行中的各种变数和需求，导致实际开支超出预算或未能有效利用预算。此外，部分科研人员对经费使用权的误解也是问题的重要原因，他们可能没有清晰了解和遵守经费使用的相关规定，从而出现了经费随意挪用或不当使用的情况。

财务部门仅仅限于记账而未能有效监管，是导致这些问题进一步扩大和延续的关键因素。科研经费的有效管理需要的不仅仅是简单的记账，还需要有严格的审查和监督机制，以确保经费的合理使用和科研成果的实现。缺乏有效的监管和审查，容易导致经费浪费和违规使用现象的普遍存在，对高校科研活动和财务健康造成不良影响。

要解决这些问题，高校需要采取一系列措施来加强科研经费管理的监督机制和管理水平。首先，可以建立更加严格和透明的经费使用审批流程，确保每笔经费的使用都经过审慎审核和合法批准。其次，应加强对科研人员的经费使用培训和教育，提高他们的经费管理意识和规范操作能力。同时，完善财务部门的监管功能，强化对经费使用的实时监控和定期审计，及时发现和纠正违规行为。

另外，还需要优化考核指标和评估体系，将经费使用的合规性和效益作为科研成果评估的重要指标之一，激励科研人员依法依规使用经费，确保科研经费的合理、合法使用，从而提升高校科研经费管理的整体水平和效能。

2. 高校对科研经费管理内部控制制度不够完善

目前，财政部、科技部、教育部等相关部门对高校科研经费管理主要依赖指导性意见，缺乏统一的高级管理制度规范，导致在实际执行过程中出现管理部门对问题应对缺乏依据、监督协调不顺畅、约束力不足的情况。同时，多部门制定的科研经费管理办法执行标准不一致，存在管理碎片化和管理效率低下的问题。

在新时期高校科研经费管理中，财务会计核算存在显著不足。财务管理人员通常仅限于基础任务，如发票审核和账务整理，对科研项目的具体支出及其科研活动关联性了解不深。这种情况导致在审查差旅费、招待费等支出时，往往存在真实性和科研必要性的审查困难。财务人员常因信息不足或技术能力不够，难以准确判断支出是否符合科研活动要求，造成科研经费核算的准确性和全面性受到影响。特别是在面对复杂的科研项目经费核算时，财务人员的主观判断可能会导致错误的经费处理。例如，误将非科研支出列入科研经费范畴，或未能及时发现并纠正经费使用中的违规行为。由于科研活动的多样性和复杂性，财务人员需要具备深入了解科研规范和支出合理性的能力，以避免核算过程中的偏差和遗漏。此外，当前的科研经费管理往往缺乏足够的信息技术支持和数据化管理手段。财务系统可能无法有效整合和分析科研项目的支出数据，导致财务报表和核算结果的准确性受到威胁。缺乏信息化的科研经费管理系统，也影响了财务管理人员对项目进展和支出状况的实时监控能力，使得管理决策和预算控制无法及时响应科研活动的实际需求变化。

高校科研经费管理部门间缺乏有效协调。审计、财务、科技部门在科研经费管理中未能有效监督和协调，各部门各自为政，缺乏有效的沟通和协作。科研经费管理涉及多个部门，包括科技、财务、资产管理、相关院系和审计部门，需要进一步明确各自职责，加强沟通和协作，确保在科研项目申请、经费拨付、预算编制、核算和财务管理等方面符合法规要求。

为了改善科研经费管理的现状，高校需要加强财务管理人员的专业培训和技术能力提升，使其能够更好地理解和应用科研活动的财务审计要求。此外，建立完善的科研经费管理信息系统，能够有效整合和分析各类科研支出数据，提升财务管理的效率和准确性。通过科技手段的应用，高校可以实现科研经费管理的精细化和规范化，从而更好地支持科研活动的顺利进行和成果的有效实现。

3. 高校对科研资产管理存在漏洞

高校科研经费资产配置和管理面临诸多问题，主要体现在设备购置和后续管理方面。随着科研经费的充裕，一些高校倾向于大量购置科研设备，然而管理不善导致了设备的后续统筹使用效率低下，资源严重浪费。这些设备可能存在使用率低、闲置率高的情况，没有实现有效的资源共享和利用，反而增加了维护和管理成本。同时，一些科研人员利用校内设备承揽校外项目，这种行为在一定程度上降低了科研成本，但也可能违背了设备的规定使用范围，增加了设备的磨损和维护负担，影响了设备的长期使用效能。

另外，购置的设备未按照固定资产管理的规定进行核算，有的设备甚至未被纳入固定资产管理范围，导致了设备的管理漏洞和管理责任的不清晰。这种情况下，高校内部存在重复购置设备的现象，不仅浪费了科研经费，也影响了科研资源的合理配置和管理效率。

为解决这些问题，高校需要加强设备的统一管理和合理配置。首先，应建立科学的设备采购计划和管理制度，确保设备的购置符合科研需求和长远发展规划，避免盲目购置和重复购置。其次，要加强设备的日常维护和使用监管，提高设备的使用率和效率，推动设备资源的共享和利用，减少资源浪费。最后，建立健全的固定资产管理制度，确保所有设备都能按照规定进行核算和管理，提升资产管理的透明度和效能。

4. 高校科研经费报账难

高校科研项目负责人通常不是专业财务人员，导致在项目申请阶段对经费需求未进行充分考虑，预算缺乏全面、准确、科学反映实际需求的成本要素，限制了科研经费的有效利用，影响科研人员的积极性。为促进科技发展，应采取约束和激励并行的措施，确保科研经费更好地支持创新。

（三）提高高校科研经费管理效益的对策

大学办事的前提和基础是按照规矩办事。必须首先确立规矩，深刻认识科研经费管理中存在的问题严重性，树立负责任的管理观念，要严肃对待经费使用是否合规、管理是否存在漏洞以及潜在的问题，积极解决和改进。

1. 精细编制高校科研经费预算，加强预算执行情况监督

建立高校综合管理办公室是为了有效统一管理科研项目，提升管理效率和科研资源的合理利用。该办公室应当由财务、审计、科研、设备和纪检等部门组成，这些部门将共同协作，确保科研经费的预算审核、项目执行监督和设备管理等工作的顺利进行。财务部门在综合管理办公室中起着核心作用，负责科研经费的预算编制和支出审核。通过严格的预算审核和支出监督，确保经费的合理使用和预算的科学性，有效防止经费的滥用和浪费。审计部门将提供专业的审计监督服务，对科研项目的经费使用进行定期检查和审计，确保项目执行过程的透明度和合规性，

防止可能存在的违规行为和经费挪用情况。科研部门在综合管理办公室中负责协调科研项目的执行进度和成果评估，与财务部门密切合作，确保项目按照预期进展，同时积极支持科研人员在项目实施中的需求。设备管理部门则负责科研设备的统一管理和维护，包括设备的购置、调配、维护和报废等，通过有效的设备管理，提高设备的利用率和使用效率，减少资源浪费。纪检部门在综合管理办公室中发挥监督和纠正作用，防范和处理科研项目中可能存在的违纪违规行为，维护科研活动的纯洁性和规范性。

综合管理办公室的建立不仅可以为科研人员提供便捷的一站式服务，节约时间和精力，也能有效整合资源，提高管理效率和科研成果的质量，推动高校科研工作向更高水平发展。

2. 加强科研经费核算，重视横向经费的核算制度

建立和完善高校科研经费管理的内部控制和监督制度是确保科研活动顺利进行、经费合理使用的关键。在当前高校科研经费管理中，科技部门、财务部门和审计部门应当形成一个相互促进、相互制约的监督体系，以保障经费使用的合法性、科学性和效率性。

科技部门作为科研活动的主体，应负责科研项目的策划与实施，确保项目按照预期目标推进。在经费管理中，科技部门需要与财务部门紧密合作，确保项目经费的预算编制和使用计划的科学性和合理性。财务部门在科研经费管理中扮演着重要角色，应设立专门岗位进行科研项目经费的日常核算和审计。这些岗位负责监督经费的流向，确保每笔经费使用都符合相关规定和合同约定。通过日常核算和定期审计，财务部门能够及时发现和纠正财务问题，防止经费的滥用和浪费。审计部门作为监督和检查的重要角色，应对科研项目的经费使用进行定期审计。审计部门不仅能够发现项目执行过程中可能存在的问题和风

险，还能为管理部门提供合理的建议和改进方案，进一步提升科研经费管理的效率和质量。

另外，建议建立高校、院系和课题组三级联合的管理制度。高校层面制定科研经费管理的总体政策和方针，院系负责具体项目的执行和管理，课题组则负责具体的科研活动和经费使用。通过三级联合的有效管理，可以确保经费使用的透明度和合规性，严格按照项目合同书约定执行经费用途、使用范围和开支标准。

要加强科研经费预算管理，提高预算的科学性和合理性，以确保科研经费的有效使用。建议综合管理办公室指派专业人员指导科研项目申报人编制经费预算书，确保预算与实际支出相符合，防止经费套取、挪用和挤占现象的发生。财务部门应严格按照预算申请书和项目进展情况核算经费使用情况，并及时向各院系、科研部门反馈执行情况，便于进行绩效考核和管理。

要加强科研经费制度建设，提高科研经费使用效率和调动科研积极性。国家和高校在科研项目审批、经费使用、监管等方面采取措施，修订法规和制定实施细则，合理规范科研经费的成本核算、支出列支、固定资产管理等。财务部门须实时掌握经费核算信息，及时发现和制止报销过程中的问题行为，并由审计部门定期进行内部核算审计，规范和促进科研单位的财务管理。

要加强科研项目结余经费管理，在科研项目结项后，高校科技管理部门、财务部门、设备部门需协调合作，根据经费性质和来源及时处理结余经费。财务部门应根据上级拨款规定执行，未明确规定的情况下，依据高校财务管理规定和项目要求处理财务信息。科技部门进行绩效考核，设备部门收回设备，最终由财务部门清理结余经费，未按规定结账的项目经费将被统一处理。

3. 提高科研经费使用效率，优化科研资产管理

高校设立科研综合管理办公室，由科研、财务、设备、审计、纪检部门共同组成，负责监督科研项目预算编制与执行，严格审查经费执行情况。办公室还统一管理科研项目购置或租赁的固定资产，包括入账、核算、登记和建档管理，并盘点低值易耗品和移动性资产，确保科研设备在项目结项时的及时移交，避免个人占有现象。对仪器设备优先选择合理有偿使用，促进高校资源共享，避免设备重复购置。同时加强对科研无形资产如著作版权、专利技术、软件等的管理和转化，与社会企业合作实现产学研一体化，保值增值科研资产。

在高校科研经费管理中，联合财务管理部门、科技部门、设备部门和审计部门制定科学有效的管理制度尤为重要。这一综合管理制度不仅规范了科研项目经费的预算编制和使用管理，还确保了经费的合法合理使用，充分发挥科研经费的效益。财务部门在其中扮演核心角色，负责成本费用核算和预算编制，同时建立奖罚核算机制以激励合理节约经费。科研活动的日常开支管理通过严格的财务核算方法和支出管理，确保经费使用的真实性和相关性，有效防止经费的滥用和浪费。

跨部门联合合作使各部门能够有效协同工作，共同制定科研经费使用的具体规范和标准，确保每一笔经费都用在了正确的地方。科技部门负责科研项目的实施和进度监控，确保经费的及时使用和项目进展的顺利推进。设备部门则负责科研设备的有效利用和维护，避免因设备管理不善导致的资源浪费和额外的经费支出。

审计部门的参与则强化了对科研经费使用的监督和评估，通过定期审计和检查，发现并纠正可能存在的经费管理漏洞和不当行为，确保经费使用的合规性和透明度。这种跨部门的综合管理机制不仅提高了高校科研经费管理的效率和质量，还促进了科研成果的产出和应用，对于高

校科研事业的长期发展具有积极的推动作用。

在高校科研管理中，固定资产的有效管理是关键问题之一。特别是科研项目所购入的设备，若未经设备部门的正确处理和分配，就可能导致严重的资源浪费。为解决这一难题，设备部门必须加强对科研经费购入资产的验收、清查和管理工作。通过严格的验收程序和详细的资产清查，确保每一个设备都得到有效利用，避免不必要的重复购置和资源浪费。

同时，高校还需要加强对无形资产的管理。科研项目产生的知识产权和专利等无形资产，如果及时申请并妥善管理，可以有效保护科研成果的知识产权，促进科技成果向生产力转化。通过合理的成本核算和专利申请流程，确保科研经费的合理使用和科研成果的推广应用。

这种综合的资产管理措施不仅有助于提升科研经费使用效率，还能有效促进科技成果的转化和社会服务能力的增强。通过设备部门和管理部门的密切合作和协调，高校能够有效地解决固定资产管理中存在的问题，实现科研经费的更有效利用，推动科技创新和社会进步。

4. 优化高校网络化信息管理平台，提供便捷的财务

管理服务网络化信息管理平台是基于计算机网络建立的信息化平台，旨在促进高校科技、财务、审计、设备管理等部门之间的内部交流和协作。通过设立办公邮箱、办公QQ群等工具，方便各部门在事件处理过程中的沟通和协调，实现联合办公。具体优化手段如下：

为了保证数据和信息传递的及时和准确，高校科技、财务、审计、设备等管理部门应建立内部信息化平台。这包括设立办公邮箱、办公QQ群等工具，以便各部门能够联合办公。信息管理平台通过提供设备功能、型号等详细信息，审计部门实时监督并提供反馈意见。计算机网络中心负责保障高校内部网络的高效畅通，确保各部门、科研人员和财务人员可以通过信息平台获取问题、规则、决策和方法。科研人员可以在不离开办公室的情况下完成科研立项申请、结项申请，了解科研经费的使用情况和结余，还能够使用校内先进的科研仪器设备，并接受审计监督，从而保证科研项目的合法有序进行。

为了加强高校科研管理，需要建设科研经费项目管理信息化平台。该平台整合了学校、各学院、各部门的专业知识和大量信息，具有高度的专业性。网络中心的现代化硬件设施和先进技术能够满足不同部门和人员的信息需求，包括科研经费的来源、数额、使用范围、时间和经手人等详细信息。科研项目经费管理信息化平台必须将整个科研项目管理信息系统化，并由各部门负责完成，确保信息系统与科研经费实际紧密结合，达到预期效果。在这一系统中，科技部门负责申请、立项、编号和结项等事务；财务部门根据科研部门提供的信息进行数据输入，科研人员可以通过项目编号查询经费使用情况和结余；高校审计部门实时监督经费使用，及时纠正并发出警告。新时期应推动高校科研管理信息化平台建设，整合各部门资源，统一管理，避免重复购买设备，减少科技、财务和审计部门的重复劳动，提高管理效率，实现资源数字化和信息流畅共享。

高校行政管理部门、科研部门和教辅部门通过校园网络中心实现了科研经费管理的信息化。在新时期，需要创新财务管理手段，特别是实时录入、统计、分析和管理财务信息，以服务各部门和人员的查询需求。通过网络管理系统，以科研项目为核心，实现科研负责人、财务管理人员、审计监督人员和设备保管人员之间的数据和信息共享，确保科研项目数据及时更新，提高经费管理的质量和效率。

5. 建立科研经费绩效评价体系，加强内部监督

建立科研项目绩效评价体系对于约束科研人员的经费使用和激励科

研成果至关重要。这一体系旨在通过有效的制度建设和科研人员自律教育，提高科研经费的综合效益，确保科研项目能够顺利实施并取得优异成果。

首先，从制度建设的角度来看，改革科研经费分配体制至关重要。传统上，科研经费的分配可能偏向于立项过程的资金支持，而忽视了后续成果的实际产出和经费的有效利用。新的体制应当更贴近科研活动的实际需求，强化对经费使用过程的管理和监督。通过制定严格的经费使用规定和审批流程，确保每笔经费都用于有效用途，并严格限制挪用和浪费现象的发生。此外，建立绩效评价体系，将成本节约率、经费使用率、成果成本率等指标作为评估依据，奖励那些规范合理使用经费并取得显著科研成果的科研人员。

其次，通过科研人员的自律教育，提升其诚信意识和自律性也是关键。科研人员应当明确了解和遵守科研经费的使用规定，并意识到任何不当使用经费的行为都将面临严厉的处罚和法律责任。因此，高校需要加强对科研人员的培训和教育，引导他们建立正确的经费使用理念，从而在日常科研活动中做到科学合理使用经费，最大化地实现经费的价值。

为提升科研经费使用效率，高校应加强科研项目成本核算机制建设。通过加强院系、科研部门和财务部门的沟通与协作，确保预算编制科学有效，同时保留一定的经费使用弹性以应对不同科研活动的特殊需求；优化科研经费审批流程，如采用学院领导负责制管理独立承担的项目，提高审批效率；借鉴科技发达国家的管理经验，加大对科研人员的激励力度；在国家政策层面，优化科研人员工资形成机制，增加间接费用在科研经费中的比例，确保政策有效实施；同时解决科研人员绩效工资经费来源问题，通过多渠道筹集资金，合理支付科研人员的薪酬。

在科研经费管理制度中，高校应统一分类口径，明确监管对象，特别是对横向科研经费，应根据其来源和特点进行细化分类和明确监管目录，避免特殊经费脱离管理制度。建议改进现有经费管理体制的分类分级，完善科研项目目标管理方法和规范化管理流程，明确科研人员费用使用范围，定期监督检查经费收支情况并建立档案，以支持项目综合评估。通过建立简便有效且具有约束力的科研经费管理制度，激励科研人员的积极性，防止经费资产流失，确保科研经费的投入产出效益。

在新时期，高校科研经费管理是一项综合性工作，涉及多个部门和环节。高校领导和相关部门应高度重视，特别是监管职责部门要加强监管力度，协调合作，强化事前、事中的检查和监督，实现监督工作常态化、规范化和制度化。科研和审计部门须改变过去的工作模式，加强举报线索审查和项目离职、结项后的检查，实行定期或不定期审计，及时发现和纠正问题，从而引导规范科研经费使用，降低纠错成本，避免事后监督过重造成不可挽回的损失。同时，严格实施责任追究制度，依法依规严惩科研经费违规行为，不姑息迁就，推动高校科研经费的规范管理，提高使用效率。

四、学校资源管理

学校资源管理，是确保学校教育教学活动顺利进行、提高教育质量的基础性工作，它涵盖了学校各类资源的规划、配置、使用、维护以及优化等多个方面，包括但不限于教学设施、图书馆资源、实验室设备、网络系统等。有效的学校资源管理不仅能够提高教育教学效率，还能够为学生创造更好的学习环境和条件。

（一）高校人力资源管理

高等学校人事管理最重要的根据是，高等学校是以大学教师为主体的从事高等教育的机构，这就决定了高等学校的人事管理有着自身的特点和规律。

1. 人事管理的基本特点

高等学校教师的工作对象是年轻的大学生群体，这要求他们具备广阔的学术视野、精深的专业知识和严谨的治学精神。教师的劳动不仅仅是传授知识，更包括培养学生的能力、情感和意志，是一项综合性的工作。因此，教师需要不断更新知识，拓展自己的能力，以应对科学知识的迅速发展和人类知识总量的不断增加。

教师的劳动成效主要体现在学生的智力和身心发展上，这种效果通常具有较长的滞后性。教师所培养的学生不仅仅是在知识上的学习者，更是在人格、价值观和社会责任等方面的成长者。因此，教师的工作不仅仅是一次性的知识传授，而是需要长期积累和集体劳动才能显现出来的成果。

教师在劳动中的重要任务之一是培养学生的批判性思维和创新能力，这不仅仅依赖于教材和课堂教学，更需要教师本身具备前瞻性的学术见解和对未来发展的洞察力。因此，教师在日常工作中需要不断深化自己的学术研究，保持对学科前沿的关注，以便为学生提供最新、最深入的知识和观点。

教师的劳动也需要在教学方法和教育技术上不断创新，以适应不同学生的学习特点和社会变迁的需要。现代教育注重个性化学习和跨学科的整合，这要求教师不断探索新的教学方法和教育技术，以提升教学效果和学生的学习成果。

高等学校人事管理的特点决定了高等学校人事管理的基本规律，具体如下：

高等学校的人事管理受到外部社会环境和内部组织因素的双重影响，这些因素共同影响着人才的流动、选拔和留任。外部因素包括社会政治、经济和文化环境的变化，这些因素不仅影响到高校对人才需求的理解和预期，还直接影响到高校的政策制定和实施。例如，经济发展水平提升会带动对高素质教师的需求增加，政治环境的变动可能影响到高校管理的政策调整。内部因素则涉及高校领导集体的力量和管理体系的有效性。领导层的决策和管理风格直接影响到人才的流动和学术氛围的形成，管理体系的有效性则决定了人才选拔、培养和激励机制的实施情况。这些因素的协调和合理结合，对于实现最佳的人事管理效果至关重要，需要在变革中保持稳定，同时在稳定中不断适应和引领变革。

教师队伍的相对稳定性与素质提升应相辅相成。建设高质量、结构合理且相对稳定的教师队伍是高等学校教师管理的核心任务。一个稳定的教师队伍不仅有利于保持学校的学术传承和稳定的教学秩序，也为教师个体的专业发展提供了良好的环境。同时，教师素质的提升是保持教育质量不断提升的关键因素。通过持续的教师培训、学术交流和专业发展支持，可以激励教师不断提升自身的学术水平和教学能力，从而实现教育质量的可持续发展。

在人事管理过程中，程序性控制和非程序性控制都具有重要作用。程序性控制主要指制定科学合理的规范和计划，如招聘程序、考核评估标准等，这些规范性的控制措施有助于保障管理的公平性和透明度；而非程序性控制则涉及情感性、政策性和意识形态方面的处理，如对教师的激励、培训和心理支持，以及对教育发展方向的引导等。有效的人事管理需要将这两种控制方式有机结合起来，程序性控制保障管理的规范性和稳定性，非程序性控制则通过人文关怀和战略引导促进管理的灵活性和人性化，从而实现管理目标和效果的最大化。

2. 高等学校人事工作的过程管理

高等学校的人事管理在确定师资队伍建设目标、制定实施步骤和措施时，关键在于通过科学、多样和分层的人员培训来实现总体目标的有效实施。师资队伍的构建不仅仅是招聘和聘任的过程，更是一个持续发展和优化的系统工程。有效的人事管理需要通过协调和综合平衡，确保高校的教学与科研能力得到充分发挥，从而推动整体教育质量的提升。

在人事管理的过程中，科学、多样和分层的人员培训是至关重要的。通过科学的培训规划和多样化的培训形式，可以满足不同教师在学术研究、教学方法、管理技能等方面的成长需求。分层次的培训策略则根据教师的不同发展阶段和专业领域制订相应的培训计划，确保培训效果最大化。

此外，建立有效的人员考核和聘任制度是人事管理的重要环节。考核制度不仅仅是对教师绩效的评价，更应该是对教师职业发展的指导和支持。从制定办法和标准到评价全过程的完善，需要确保信息畅通、标准统一和监督功能完备。通过公开透明的考核过程，教师能够清晰了解自身的发展方向和改进空间，同时也激励教师在教学和科研上持续提升。

总体而言，高等学校人事管理的成功在于将目标确定为优化师资队伍建设，通过科学、多样和分层的人员培训，以及有效的考核和聘任制度来实现这一目标。这不仅仅是提高个体教师的专业水平和教育质量，更是推动整个高等教育机构朝着创新发展和国际化的方向前进的重要保障。

3. 高等学校的编制、工资及人事档案管理

高等学校的编制管理不仅是国家对高等教育发展规模和办学效益进行宏观控制的重要依据，也是学校内部合理配置人力资源、有效实施教育行政管理的基础。国家通过法规的制定和宏观控制，指导和规范各高等学校的编制管理，从而保障学校在办学过程中的自主权和规范性。

高等学校的人员编制根据任务承担分为基本教育规模编制、科研编

制和附属单位编制三大类。基本教育规模编制主要涉及教学任务，包括各学科的基础教学和教学支持人员；科研编制则专注于支持学校科学研究和学术创新的科研人员；附属单位编制则服务于学校的管理和运行，包括行政管理、后勤服务等方面的人员。

这些编制类别各具特定的任务和职责，通过严格的配备标准和管理制度，确保了高等学校在教学、科研和管理各方面的正常运转。基于国家对编制管理的宏观控制，学校在编制使用上需符合法律法规和相关政策要求，同时也需要根据自身的实际情况合理配置编制，以最大化资源利用效率和办学效益。

工资问题涉及学校的教师、干部、专业技术人员和职工的切身利益，是人事管理工作最敏感的问题之一。它的主要内容包括：基础工资、职务工资、工龄津贴和奖励工资等部分。基础工资是国家对公职人员最低生活保障的部分。基础工资不是最低工资，最低工资应指基础工资加上所任职务的起点工资部分。职务工资是按照干部、专业技术干部的职务高低、责任大小、工资繁简确立，并且随着职务的变动而变动。工龄津贴是一种年龄工资，随着工龄的增长，工龄津贴逐年有所增加。奖励工资主要用于在工作中做出显著成绩的公职人员，有较大贡献的可以多奖，不平均发放。处理工资问题的基本原则：坚持按劳付酬，反对平均主义；统筹兼顾国家建设和改善人民生活；关心职工物质利益要同政治思想教育结合。

人事档案管理工作是组织人事工作的重要内容。人事档案具有系统性、资料性、历史性、可靠性的重要价值，对于搞好人事管理具有十分重要的意义。人事档案是指记载反映某个人的经历和德才表现等情况的档案，是经过组织认可的个人材料。人事档案材料的收集要迅速、及时、保证质量。要做到保证质量，收集的材料内容必须可靠、准确、手续齐全、完备。

（二）高校财务管理

高等学校的财务管理主要任务在于如何用好学校的各项资金，以及如何开发有关财力资源，也就是如何筹集学校的办学资金。

1. 办学经费的筹措与管理

在不同的社会条件、不同的高等教育管理体制下和对于不同的高等学校，高等学校的办学经费筹措渠道是各不相同的。现代高等学校，由于办学规模日益扩大，都呈现出一种多元化的趋势。在市场经济体制下，这种特点更为明显。由于国家对高等教育投入政策的变化，例如高等学校学生上学缴费制度的逐步推行，许多高等学校的办学经费中，国家拨款所占比重也逐渐下降，从其他渠道获得的经费比重则不断上升。但是，教育不同于其他营利性单位，它以传授知识、创造知识、传承文明和文化为己任。国家为了自己的文化传统，为了国家的前途和未来，则有义务承担起教育的费用。从世界范围来看，各国大学的办学经费都是以国家投入为主。

2. 学校资金的使用与管理

我国高等学校中的资金，一般可分预算内资金和预算外资金。预算内资金是国家和地方财政预算中对高等学校的拨款，一般也称教育事业费，其支出一般分为人员经费、公用经费、其他经费三类。预算外资金是根据国家财政制度由学校自行筹集、自行安排的资金。

主要包括：

（1）科技三项费用。即以国家拨款形式下达的新产品试制费、中间试验费和重要科学研究补助费。科技三项费用属于专项资金，专款专用，学校一般不应提取管理费。

（2）代管科研经费。中央和地方有关部门委托学校从事某项科研任务而拨入的经费，一般由课题组使用和分课题结算，学校可从中提取一定管理费，以代管科研经费购置的仪器设备，一般应列入学校固定资产，归学校所有。

（3）学校基金。这是近年来我国高等学校财务管理中为积累学校发展资金专门设立的一种特定的资金项目，目前实际纳入其内的主要是从学校一切"创收"性活动而得到的由学校支配的资金。

（4）校办企业资金。用于校办企业维持生产及扩大再生产的资金。

（5）特种基金。包括学校管理的教职工宿舍租金收入、接受捐赠收入以及其他有关收入。

3. 高等学校财务活动分析

高等学校财务活动分析主要是进行办学的成本核算和效益分析。进行这种成本核算和效益分析的直接目的是通过若干量化性的指标反映出学校办学投入与产出之间的比例关系，并进一步寻求如何提高办学效益的途径和措施。这种量化性指标主要有：

（1）生均培养成本（生均经费）＝本年学校经费实际支出/本年在校当量学生数（当量学生数，即把各类学生按一定权重折合成本科生数的总和数）

（2）师生比＝本年全校专任教师数/本年在校当量学生数

（3）生员比＝本年全校教职工数/本年在校当量学生数

（4）平均每生占用固定资产＝学校固定资产总额/本年在校当量学生数

（5）平均每生教育基建投资＝本年教育基建投资额/本年在校当量学生数

（6）教职工平均工资＝本年全校工资支出总数/本年在校教职工数

除此之外，全校的科研成果情况和设备利用率也是评估学校办学成效的关键指标。高等学校财务活动的分析通常侧重于已实施办学活动中的财务运作情况，但同样需要关注另一重要任务，即对未来财务活动前景的深入分析。此类分析首要考虑社会对人才市场及高等教育入学需求的预期变化，以及其他与学校财务资源相关的社会因素的演变，从而准确评估这些变化对学府财务资源的潜在影响，并制定相应的发展策略，以优化财政资源的获取与利用环境。

（三）高校物资管理

这里主要介绍高等学校的校园、图书馆、实验室和信息网络的建设与管理。

1. 校园的建设与管理

校园的建设与管理是学校办学在财力和物力资源配置上最基本的工作，也是学校建设与发展中关键性的基础工作。学校基本建设是指固定资产的投入，是学校办学所需各种固定设施的建设，包括各种教学、科研、办公用房和有关生活服务用房与体育运动场的建筑，以及在一定限额以上教学设备的添置与安装。

首先，高等学校校址的选择。一般来说，校园的选址要考虑经济地理方面因素；自然环境方面的因素；有关基础设施方面的因素（交通、给排水、燃料）；区域或城市建设规划的因素；投入条件方面的因素，包括选址处征用土地的价格、征地费用、总的建设费用与实际上可能获得的投入等。对现有高等学校的扩建来说，还要考虑到扩建校区与现有校区之间的联系因素，包括扩建校区在空间位置上的距离，扩建后对学校教学活动、组织结构、日常运行费用、整体办学效益等方面的影响。

其次，校园基本建设的总体布局。校园总体布局，是根据学校办学活动的需要和校园地区一定的地形、地貌特点，在学校园区的平面和空间上科学、合理地布设各种有关建筑物和各类设施所形成的建筑格局。在校园总体布局上，一般都应考虑到实用性、审美性和经济性等几方面的要素。在校园基本建设总体布局上，不可忽视的还有校园建筑风格的问题。随着时代的变化，在学校的不断发展和扩建中，许多高等学校的建筑风格已与当初迥然不同。特别近几十年来，高层建筑在校园内日益增加；校园建筑在形体上从原来的讲究稳实厚重而转向追求高耸挺拔，在造型上从原来的注重古朴典雅而转向追求鲜明突出的个性；在轮廓线条上日益追求简洁明快，在色彩上则日益追求亮丽清新。

校园管理包含两重意义，一重意义是作为某种固定资产形态的校园，另一重意义则是作为师生的某种活动场所的校园。

第一，高等学校的校产管理。校产即学校拥有的财产，包括学校所有和由学校合法占有和使用的财产。从其存在形态上来说，可分为不动产和动产，也可称固定资产或流动资产。一般所说的高等学校的校产管理，主要指对学校固定资产的管理。

第二，高等学校的校园环境管理。高等学校的校园环境管理，可以包括多方面的工作，这里只简单介绍一下校园绿化和教室环境卫生的管理。校园绿化，是校园环境管理中的一项重要工作。校园绿化不仅起着防风防尘、减低噪声、净化空气、监测污染、保护环境等作用，也起着烘托校舍、美化校园的作用。教室的环境卫生不能仅仅局限于教室环境的清洁卫生，而应从教室环境的各个方面对学生健康的影响来考察。因而，教室的环境卫生要求，实际上还应包括对教室建筑结构的卫生要求，对教室内各种教学设施的卫生要求，以及教室环境噪声的卫生要求。

2. 高校图书馆管理

高等学校图书馆是学校的文献情报中心，是为教学科研服务的学术机构。因为学术性工作可以包括两个方面，一个方面是对新知识的发现，另一个则是对已有知识进行的整理。而图书馆的工作就是对人类已有的知识进行收集、整理而使之系统化和广泛、充分地得到传递、扩散的工作。

高等学校图书馆的工作任务是：采集各种类型，特别是与学校各学科的教学、科研有较大相关性的文献资料，进行科学的加工整理和分类编目；通过各种形式的图书借阅服务，丰富和增进师生的知识；通过对读者辅导，培养师生的情报意识和利用文献情报的技能；开展信息咨询和情报服务活动，使文献情报资源得到充分开发和利用；统筹和协调全校的图书馆工作；开展有关学术研究和学术交流工作。

高等学校图书馆的藏书建设和读者服务工作。图书馆的藏书建设和读者服务工作，是图书馆管理中的两项最基本的工作，前者是后者的重要基础和前提，而后者是前者的最终归宿和目的。藏书建设主要是指做好图书采购、图书分类、图书保管等方面工作。要做好图书馆的读者服务工作，应该充分向读者开放藏书，建立完整的读者服务体系，开展对图书借阅工作的计量化管理，促进服务质量和水平的不断提高。

高等学校图书馆的现代化建设。新的信息不断涌现的"信息爆炸"和信息传播、处理的技术手段不断更新的"信息革命"，迫使图书馆的现代化建设日益成为图书馆管理的一项紧迫工作。图书馆的现代化，关键是文献资料储存、传播手段的现代化。也反映在大量现代技术在图书馆日常工作中的应用上，如声像技术的应用、防盗监测设备的应用、书刊的保护等。

3. 高等学校实验室管理

高等学校的实验室是组织实验教学和进行科学研究的重要场所。从功能上可分为教学实验室、科研实验室、公共实验室等三种类型。教学实验室：即主要提供实验教学用的实验室。它所开设的实验有观察实验、操作实验、分析实验和设计实验。科研实验室：即主要提供科学研究活动使用的实验室。它对实验方法的要求更为严密，实验设备和实验手段也较为先进。公共服务实验室：即为教学科研或其他方面提供科学检测、计算、计量等服务的实验室，如学校中的分析测试中心、计算中心等。在我国高等学校中，还有一批国家重点实验室。它的任务是从事某一学科前沿领域的研究。

高等学校实验室的管理首先是高等学校实验室的设置。高等学校实验室的设置，一是要有利于加强实验教学，充分考虑各方面的教学实验需要，包括基础课实验、专业基础课实验、专业课实验等几方面的需要，各学科和不同层次学生的实验教学需要；二是有利于增强科研实验能力和提高实验技术水平，有利于全校的学科建设，特点是重点学科建设；三是要有利于提高仪器设备的使用效率。所以，教学、科研、公共服务实验室的设置应有统一规划，以有利于集中有关教学力量，也避免机构重复和设备重复购置。

高等学校实验室管理涵盖了多个关键方面，包括仪器设备的购置、保养维修和充分利用，这些方面共同确保了实验室在教学和科研中的有效支持和服务。设备的购置是实验室管理的首要环节。在购置阶段，需要综合考虑设备的必要性、技术性能以及经济合理性。这意味着不仅要满足教学和科研的需求，还要考虑设备的长期使用价值和成本效益。有效的设备采购策略应当基于科学的需求分析和预算控制，确保每一项投资都能够最大化地支持学校的教学和研究活动。

保养维修是保证设备长期稳定运行的关键。定期的维护和保养可以延长设备的使用寿命，减少因设备故障造成的教学和研究中断。高等学校应建立健全的设备维护管理制度，包括定期检查、预防性维护和及时修复，以确保设备的可靠性和稳定性。

设备的充分利用需要增强服务意识和开放性。实验室管理者应积极推动设备的开放共享和服务化运营，为教师和研究人员提供便利的设备使用环境和支持服务。通过量化考核和有效的预约系统，提高设备利用率和投资效益，确保设备资源得到最大化的利用。

4. 高等学校信息网络管理

高等学校信息管理部门在当前信息化时代的重要性日益凸显。其主要任务包括加强各部门间的协作，整合和共享分散的信息资源，以更好地支持教学和科研活动。

信息管理部门应通过电子计算机技术，有效管理和利用校园内的档案、图书和情报资源。建立现代化的信息管理系统和专题数据库，能够快速、准确地提供教师和研究人员所需的信息服务。通过这些系统，学术资源可以更广泛地传播和利用，促进知识的交流和创新。

建立校园网络是实现信息资源共享和服务的重要基础。一个高效的校园网络可以实现全校范围内的信息互通，便于教职员工和学生获取各类学术资料和管理信息，提升信息检索和传递效率。

信息管理部门还应开展文献利用预测和广泛的咨询服务。通过分析用户的信息需求和使用趋势，提前预测学术文献的需求量，并为教师和研究人员提供针对性的咨询和服务，使其能够更有效地获取和利用相关文献资料。

第五章　高等教育评估

　　教育评估是从教育测量活动中逐步发展出来的，作为新兴的教育科学研究领域和现代化教育管理的手段之一，已受到世界各国政府和学术界的重视。在我国，随着高等教育事业的蓬勃发展，教育评估工作在政府教育主管部门的宏观指导下，正在有序地实施。教育评估的实施有助于确立国家宏观调控和学校自我调节机制，并使这种机制不断完善。教育评估涉及的面很广泛，有学生评估、教师评估、教学评估、课程评估、学校与教育机构评估和教育政策评估等。因为高等教育是涉及因素较多和复杂程度较高的一种社会活动，在此把对高等教育活动的评价称为评估。

一、高等教育评估概述

　　高等教育评估是对高校教学质量、科研水平、学生发展及社会服务等多方面的综合评价。它旨在促进教育质量的提升，确保教育资源的有效利用，并为高校发展提供决策支持。通过定期评估，推动高等教育持续健康发展。

（一）教育评估的概念

教育评估起源于对学生学力测验的客观化和标准化。"评价"一词最初意指评价估量，现泛指衡量人物、事物的作用和价值。

教育评估是一个系统、科学且全面的过程，旨在收集、整理和处理教育信息，以对教育现象或活动的价值进行判断。其核心目的是促进教育改革，提高高等教育的整体质量。通过教育评估，可以深入了解教育活动中的现状和潜在问题，从而为改进教学方法、优化课程设置和提升教育效果提供依据。

教育评估的实质在于对教育活动中涉及的事物或人物的现实或潜在价值进行判断。这种判断不仅包括对当前教育质量的评估，还涵盖了对未来教育发展方向的预测和建议。通过对教育信息的系统收集和科学分析，可以全面掌握教育活动的各个方面，找出存在的优点和不足。

因此，教育评估是提高高等教育质量的重要工具。它不仅帮助教育工作者了解现状、发现问题，还为教育改革和创新提供了科学依据，从而推动教育事业的持续发展和进步。

（二）教育评估的基本特征

教育评估是对教育现象或活动进行系统性、科学性和全面性分析与判断的过程。其目的是通过收集、整理和处理教育信息，为教育改革和高等教育质量的提升提供依据。教育评估具有以下几个基本特征。

综合性和广泛性：教育评估不仅关注教育目标的达成情况，还考虑教育过程和结构的合理性、内部组成部分的有机联系以及对社会和教育发展的影响。这意味着评估内容和范围是多元化的，涉及教育系统的各个方面，包括课程设置、教学方法、师生关系、资源配置和教育环境等。评估结果是基于对多方面信息的综合分析，反映了教育活动的整体效果。

决策性和行动性：教育评估具有明确的目的性，旨在为教育的发展提供诊断和建议。通过评估，可以发现教育中的问题和不足，提出改进措施，推动教育进步和改革，提高高等教育质量。因此，教育评估不仅是一种论证工具，更是促进教育决策和行动的重要依据。

信息收集的客观性和系统性：教育评估通过系统和客观的信息收集，对教育对象进行价值判断。这要求评估过程由无利害关系的人员进行，以保证信息的可靠性、可信性和有效性。评估的信息收集应全面、细致，并经过科学的整理和分析，确保结果的准确性和简明性。

方法的科学性和可行性：教育评估采用科学的方法，包括制定评估方案和指标体系、信息采集和量化处理等。这些方法必须简易可行，便于操作和实施，使多数人能够接受和理解。科学的方法保障了评估的公正性和客观性，提升了评估结果的信服力和实用性。

过程的程序性和常规性：教育评估需要按照既定程序和周期性进行，类似于工业产品的质量检验和评比。这种程序性和常规性使教育评估成为推动教育进步的重要动力，确保评估工作的持续性和系统性，避免评估工作的随意性和片面性。

结论的确定性和阶段性：教育评估的结果应具有明确的结论，作为教育决策的重要依据。评估结论通常表现为合格与否、优缺点、综合分值或排名等形式，具有阶段性特点。这意味着评估不仅提供当前的判断，还为未来的改进和发展指明方向，形成一个持续改进的反馈循环。

由上述教育评估基本特征的分析，可知教育评估是一个复杂而系统的过程，涉及多个方面的内容和方法。通过综合性和广泛性的分析、决策性和行动性的指导、客观性和系统性的收集信息、科学性和可行性的方法、程序性和常规性的过程以及确定性和阶段性的结论，教育评估在促进教育改革和提高高等教育质量方面发挥着至关重要的作用。教育评估不仅为教育决策提供了可靠的依据，也为教育实践提供了具体的改进路径，最终实现教育质量的提升和教育事业的持续发展。

（三）高等教育评估的类型

根据不同的目的和要求，运用不同的评估方法去达到预期的目的，可以对高等教育评估进行不同的分类。

1. 按评估涉及的范围分类

高等教育评估按设计范围可分为以下3种。

（1）宏观教育评估：针对教育的全领域或宏观决策，包括教育目标、结构、制度、内容、方法、行政管理和社会效益等方面，具有全局性、战略性和高层次特点。

（2）中观教育评估：针对学校内部各方面工作，包括办学水平和条件、领导班子、师资队伍、教学和思想政治教育、体卫工作、总务工作等，以及教师教学、班导师和团委等工作。

（3）微观教育评估：针对学生发展，包括学生的知识质量、综合素质（德、智、体、美、劳）和创新、实践能力等方面的评估。

2. 按评估功能分类

高等教育评估按功能可分为诊断性评估、形成性评估、总结性评估和外在评估。这些评估类型在不同阶段和角度对教育活动进行评估和分析，确保教育质量的提升和教育目标的实现。

（1）诊断性评估：诊断性评估在学校某项工作开始前进行，属于预测性和测定性的评估。它的主要目的是判断基础和条件是否具备，为接下来的工作计划提供指导。例如，在开设一门新课程之前，学校可以通过诊断性评估来了解学生的知识背景、学习需求和教师的准备情况，从而确定课程设置的合理性和可行性。诊断性评估帮助教育管理者发现潜在的问题和不足，提前做出调整，确保教育活动能够顺利展开。

（2）形成性评估：形成性评估在教育活动过程中进行，通过反馈调节过程，确保实现预期目标。这种评估类型强调持续性和过程性，便于及时改进教育过程。例如，教师在授课过程中可以通过定期测验、小组讨论、课堂观察等方式了解学生的学习情况，并根据反馈调整教学方法和内容。形成性评估能够发现教育活动中的问题和不足，提供即时改进的机会，从而提高教育效果和学生的学习成绩。

（3）总结性评估：总结性评估在某项工作结束时进行，依据预先设定的教育目标，对最终成果进行评估。这种评估类型简便客观，通常采用考试、项目报告、毕业论文等形式，对学生的学习成果和教师的教学效果进行全面评估。总结性评估能够提供具体的、量化的成绩和反馈，便于教育管理者和教师了解教育活动的整体效果。然而，总结性评估的一个局限是它不利于过程改进，因为它在教育活动结束后才进行，无法提供即时的反馈和调整建议。

（4）外在评估：外在评估是对教育活动规则、实施过程和结果的整体评估。它的目的是分析和研究已完成的教育活动，为未来决策提供信息。例如，教育行政部门或第三方评估机构可以对学校的办学情况、课程设置、教学质量、学生发展等方面进行全面评估，提出改进建议和意见。外在评估通常具有更高的独立性和客观性，可以从宏观角度对教育活动进行系统分析，发现问题并提出改进方案，为教育改革和发展提供重要参考。

综上所述，高等教育评估按功能可分为诊断性评估、形成性评估、总结性评估和外在评估。这些评估类型各有侧重点和特点，共同构成了一个完整的教育评估体系。通过诊断性评估，可以为教育活动提供前期指导；通过形成性评估，可以在教育过程中进行及时调整和改进；通过总结性评估，可以对教育成果进行全面评估；通过外在评估，可以对教育活动进行系统分析，为未来决策提供信息。科学合理地运用这些评估类型，能够有效提升教育质量，促进高等教育的持续发展和进步。

3. 按评估目的分类

高等教育评估按目的可进行如下分类。

（1）合格评估：由教育部对新建普通高等学校的基本办学条件和教育质量进行的认可，通常在第一届学生毕业时进行。

（2）办学水平评估：对已鉴定合格的普通高等学校进行的经常性评估，包括综合性的学校办学水平评估和单项评估（如思想政治教育、专业课程等）。

（3）本科教学优秀评估：在普通高等学校中进行的评比选拔活动，旨在遴选优秀学校，择优支持，促进竞争，提高办学水平。

4. 按评估的方法分类

高等教育评估按方法分类包括以下两种。

（1）定量评估：利用数学模型或方法对收集的数据进行定量分析，得出具体数值结论，如教育测量与统计方法。

（2）定性评估：对于难以量化的评估对象，通过定性分析方法（如调查法、系统分析法、逻辑分析法、观察法、哲学分析法）进行价值判断和描述。

5. 按评估对象的复杂程度分类

按照评估对象的复杂程度，可进行如下分类：

（1）单项评估：评估对象是教育系统中的某个基本元素，如学生教育质量、学校政治思想教育工作、教学工作和体育工作等。

（2）综合评估：它的评估对象是普通高等学校系统，或某个地区的高等教育系统，是该系统中的综合体。

（四）高等教育评估的特色

高等学校的基本职能包括培养专门人才、进行科学技术研究和直接为社会服务。根据我国国情，高等教育可分为博士生、硕士生、本科生和大专生四个层次，学校类型则有科研型、教育科研型、本科教育型和高等专科学校。随着教育的发展，高职学院也逐渐兴起。因此，教育评估应根据不同层次和类型的学校职能进行。

高等教育评估涵盖广泛领域，包括专科、本科和研究生教育，以及科技研究和高校管理等多个层面。评估内容涉及办学方向、教育过程、成果及效益等多个方面。具体评估项目包括学校整体评估、专业设置评估、课程安排和实验室设施评估等。随着高等教育体制改革不断深化，评估实践需要与改革相结合，推动教育质量和效果的真正提升。

高等教育作为专业教育的核心部分，主要职责在于培养高水平专业人才，直接服务社会需求。社会各界对毕业生质量的评估，实际上是对高校教育成果的重要检验。在评估过程中，积极收集毕业生的反馈信息至关重要，这些信息对于评估教育质量和进程具有不可或缺的参考作用。同时，评估应包括社会各界和专业学术界的专家，以确保高校与社会需求紧密对接。

高校学生常处于18—22岁的关键成长阶段，他们身心迅速发展，思想也较为开放。因此，高等教育评估应聚焦于培养学生的基本素质，不仅包括道德、智力、体能等形成性教育活动，还需评估学生在学业、能力和人格发展等方面的具体成效。同时，鼓励学生自主进行学习评估，以促进他们全面发展。

高等学校培养人才受多种因素影响。从外部环境看，家庭、社会、国家政策、民族历史文化背景和世界科技进步都会影响教育活动；从内部环境看，办学思想、条件和水平决定了教育活动的效果。这些内外因素相互联系、相互作用。教育效果往往在学生毕业一段时间后才逐渐显现，因此具有潜隐性和滞后性。此外，影响教育的因素与教育效果之间关系复杂，可能多种因素导致一种效果，或一种因素导致多种效果，这增加了评估中价值判断的复杂性。

综上所述，高等教育活动具有多职能、多层次、多类型、多因素和多效应的特点，没有单一要素能独立影响整个教育活动。高等教育评估表现出内涵上的综合性和价值上的模糊性，因此，将高校教育活动中事物和人物的价值判断称为"教育评估"是适宜的。

（五）高等教育评估的作用

评估在高等教育中至关重要，可以提升大学的效率和活力。它作为自省、调整、评估和诊断的基础，确保大学与社会需求对接，加强社区联系。此外，评估在宏观层面的教育管理中发挥重要作用，提供监督、指导和监管，促进明智的决策过程。评估通过反馈机制和有效的沟通渠道实现功能。

评估推动了高等教育的改革和发展，既是指导方向又是推动剂。它包括识别、诊断、反馈、沟通、指导、激励、监督和决策等多种角色，根据具体的评估目标和优先事项进行调整。

（六）高等教育评估的理论基础和政策依据

高等教育评估作为高等教育管理的一个重要方面，应该有客观的符合高等教育规律的科学依据，包括理论基础和政策依据。

1. 高等教育评估的理论基础

高等教育评估作为一项复杂的社会活动，其核心在于建立具体中国特色的评估制度，结合国情实践，并以学科理论为基础。高等教育评估不仅仅是对教育质量的测量，更是为社会主义建设服务的重要手段，其设计和实施需反映社会特点，适应时代需求，贯彻党的教育方针，实现高校人才培养目标。

服务于社会主义建设和反映社会特点，高等教育评估在服务社会主义建设中扮演着重要角色。评估应当紧密结合国家发展战略和教育政策，确保教育目标与社会需求高度契合。评估可以及时反映出教育体系在技术进步、社会变革等方面的适应能力，推动教育改革，促进高等教育的创新发展。

适应时代需求和贯彻党的教育方针，随着时代的变迁和社会发展的需要，高等教育评估需要不断更新和调整其评估标准和方法。评估应当体现教育理论与实践相结合，推动教学过程、方法、内容和效果的不断优化，以适应经济社会发展的新要求。同时，评估工作必须贯彻党的教育方针，坚持社会主义办学方向，培养德、智、体、美全面发展的社会主义建设者和接班人。

以学科理论为基础和科学原则的遵循，高等教育评估的理论基础包括教育哲学、教育经济学和教育社会学等学科理论的支持。这些理论为评估过程提供了思想指导和方法论基础，帮助制定评估的价值判断和标准。评估过程应当遵循系统科学的原则，运用教育统计学和教育测量学的量化方法进行测量和分析，确保评估结果客观、准确。

科学促进高等教育的发展与优化，高等教育评估的最终目的是促进高等教育的持续发展和优化。通过科学的评估手段和方法，可以发现和解决教育过程中存在的问题，推动教学质量的提升，激励教育工作者的积极性和创造性，提高学生的综合素质。评估结果不仅为学校内部提供改进和发展的依据，也为政府决策和社会公众提供教育质量的客观评估依据。

因此，高等教育评估应当以服务社会主义建设和适应时代需求为宗旨，结合学科理论和科学原则进行设计和实施。通过多学科的理论支持和科学的方法，确保评估工作的科学性、客观性和有效性，为高等教育的可持续发展和全面提升提供坚实的支撑和保障。

2. 高等教育评估的政策与法规依据

政策的功能是按照政策的制定者的意志调节人们的思想和行为以及调节社会活动。在进行高等教育评估时，必须以党和政府制定的政策为依据，充分体现党和政府对高等教育的指导方针。

以经济建设为中心，坚持四项基本原则，坚持改革开放，是办好高等教育和评估高等教育的出发点。《中华人民共和国教育法》规定了我国各级各类学校要认真贯彻的教育方针，指明了我国高等教育办学的方向，反映了全面发展的人才观，明确了高等教育的培养目标，应该成为评估高等教育方向的依据。

为了保证社会主义大学的基本质量，国家还制定了一系列有关教育的政策、条例和规定。包括：在人才培养方面的专业目录、培养目标、人才规格和思想品德考核标准等；在师资队伍方面的人员编制、结构比例和任职条件等；在办学条件方面的图书资料、实验设备和经费开支的规定等。

二、高等教育评估体系的设计

高等教育评估的核心在于建立评估的指标体系。评估方案是为实现特定评估目的而设计的，包括标准、方法、实施程序等安排。教育评估指标体系的设计质量至关重要，影响评估的有效性、资源利用和最终成果。

（一）教育评估指标体系设计的基本内容

评估指标体系设计的中心思想是：在多方面内容涉及的情况下，设计应根据具体要求进行安排和筹划，以确保科学可行的指标体系，从而提升评估效果。

1. 明确评估的目的，确定评估对象

评估的目的包括但不限于确定合格、评估办学水平或评价本科教学的优秀程度等，这些目的决定了评估过程中所选取的指标体系和方法。

评估的首要任务是确保评估的目标与预期结果一致。例如，如果评估的目的是确认学校是否达到基本合格标准，那么指标体系可能会侧重于学术质量、学生满意度、师资配置和教学设施等方面。这种评估通常是为了保证教育质量的最低标准，并可能作为认证或监管的一部分。

不同的评估目的需要设计不同的指标体系。比如，进行办学水平评估时，可能会关注教学质量的整体表现、科研能力、社会服务能力以及对地方经济社会发展的贡献等方面。而对本科教学优秀评估，则可能侧重于课程设置的创新性、学生的综合能力培养、教学方法的有效性以及毕业生的就业情况和社会反馈等。

在设计评估指标体系时，明确评估的对象同样至关重要。评估对象可以是整个学校、特定学院或专业、教学团队、特定课程或教学活动等。不同的评估对象可能会需要不同层次和不同类型的指标体系，以确保评估的全面性和准确性。

设计评估指标体系时，应当遵循以下原则：全面性和多维度性，指标体系应覆盖评估对象的各个重要方面，涵盖多个维度，以确保评估结果的全面性和准确性；科学性和可操作性，指标应基于科学的理论和数据支持，同时具备可操作性，能够有效地收集和分析评估所需的信息；

灵活性和适应性，指标体系应具备一定的灵活性和适应性，能够根据评估对象的特点和具体情况进行调整和优化；关联性和相互关系，各个指标之间应有明确的关联性和相互关系，避免重复或遗漏，确保评估结果的综合性和一致性。

2. 确定评估标准，选取合理的评估尺度

进行教育评估要有一定的标准和尺度。缺乏标准，评估无法开展；标准含混不清，评估将矛盾百出；标准不合理，评估谈不上有效。评估标准是评价活动得以开展的逻辑前提，确立评估的标准和尺度是指标体系设计中的核心问题。教育评估的标准是在教育实践中产生的，它集中地反映在我国的教育方针中。评估标准必须着眼于这种社会的共同需要，着眼于我国的社会主义教育制度。

评估标准一是要坚持社会主义的教育方向，适应社会、经济发展的需要，为社会主义建设服务。二是要遵循教育目的。高等教育的培养目标是促进学生德智体全面发展，培养他们健全的人格，使他们得到和谐发展。三是要提高高等教育的管理水平和效能，促进各级教育部门和各类学校为实现高等教育目标而高效运作。四是要促进高等教育的投入、布局、规模和发展更加合理，使办学条件、人力资源、物资技术基础和经费投入达到国家规定的基本要求。五是相关部门或单位根据我国的教育方针和有关规定确定各种具体要求。

3. 确定收集信息的内容和途径

在高等教育评估中，评估信息主要是指与评估活动有关，服从于评估目的的资料、信号、表现、反映等。没有评估信息，评估标准仅是一纸空文。而评估信息也只有在评估标准的规范下，才是有序和有用的。它们之间是内容和形式的关系。

获取评估信息，主要是指收集来自评估客体或者更准确地说是价值关系中价值客体的信息。收集价值客体的信息必然与评估目的和评估标准相关联，并以此为基础，进行加工和理解，使之成为有用的信息。无论是指标体系设计，还是实际评估活动，收集评估信息一定要明确评估目的，把握评估标准。例如，我们评价学校的办学条件，就应在学校的投入、设施、师资和生源等方面收集信息。

对整个教育评估活动来说，来自价值主体的信息也不可忽视。高等教育评估是一种社会评估。在社会评估中，评估主体和价值主体是分离的。教育评估的价值主体是我们的国家、民族，从事教育评估就应该判断高等教育对我们的国家和民族的价值。收集价值主体的信息，主要是把握国家对教育的要求。在特定的教育评估中，必须弄清国家对评估对象的具体要求，以及评估对象所在地域和单位的具体规定和需要。同时还应了解它们在办教育方面的能力，包括人力、物力以及财力等方面的情况。获取信息所选用的方法和调查所采用的方式，在进行指标体系设计时也应先做安排，使准备更为充分。在教育评估过程中收集信息的方法主要有测验法、观察法、问卷法、访谈法和查阅资料等方法。在调查中有全面调查和抽样调查之分。而抽样调查又有不同的方法，需要视不同对象、不同情况加以适当选用。

4. 选用科学合理的方式方法

评估活动的关键在于采用适当的方法来进行价值判断。无论是确定评估标准、建立指标体系、确定权重、收集和处理信息，还是其他评估过程中的任务，都需要借助具体的方法来实现。

教育评估各个环节中的各种方法都是为实现评估目的服务的，在不同的阶段和不同的条件下发挥着各自的作用。指标体系设计中方法的选取是非常重要的环节。例如，在评估信息的加工中，有相对评估方法、绝对评估方法和个体内差异评估方法等。而每一类方法，又包括多种具体的方法。在选定了方法之后，还应为方法的使用进行必要的安排，为方法的顺利实施创造有利条件。

对评估中使用的工具也应提前做出计划。评估工具是指收集、处理评估信息时的工具。主要包括考试的试卷和评分标准，各种问卷、测量量表，各种仪器设备等。

在进行指标体系设计时，还应拟订评估工作的计划，对评估全过程中各环节做好安排，包括所需时间、各项工作的组织实施及要求等。

（二）高等教育评估指标体系制定的原则

高等教育评估指标体系的制定须遵循一定原则，以确保指标反映教学质量、科研水平及学生发展的多维度，引导高等教育持续改进与发展。

1. 高等教育评估要为高等学校的教育目的服务

我国高等教育评估应当以培养德智体全面发展的社会主义建设者和接班人为宗旨。这一教育目标不仅指导着高等学校教育活动的方向和标准，反映了社会生产力和科技发展的时代特征，还促进了教育过程的科学性和调控。因此，高等教育评估必须严格遵循这一原则，避免偏重科研成果和办学效益，而忽视教育质量和教学过程的重要性，否则将影响到学校的人才培养质量和适应社会发展需求的能力。

2. 高等教育评估是一项系统工程，评估指标体系具有完备性

高等教育评估应当视为一个系统过程，涵盖整体性、联系性、目的性和环境适应性。首先，被评对象是一个由教学、科研、教师和学生等多种要素组成的整体。其次，教育活动和评估系统中的各要素之间存在有机联系，它们相互作用、相互依存。此外，各要素在教育活动和评估中都有自身的功能，并保持有机的秩序，共同朝向同一目标努力。同时，在研究教育活动和评估时，社会环境也起着重要作用。综合考虑这些因素，制定评估方案时既要考虑影响教育活动的各种要素，又要考虑评估本身的各个要素，以及评估所需的人力、物力、财力和时间等资源。因此，设计评估指标体系时应遵循完备性原则，全面反映整体要求，确保不遗漏重要指标。这一原则并不排斥删除一些次要指标，以简化体系并突出重点。

3. 高等教育评估指标体系应具有科学性、可测性和可行性

评估指标体系的科学性原则有三层含义，一是评估指标体系与教育目标的一致性。二是评估指标体系内各评估指标间的相容性。三是指标体系中的各评估指标应相对独立。

设计评估指标体系时，遵循可测性原则是至关重要的。这意味着教育目标必须用行为化、操作化的语言来描述，以便能够直接测量和评估其达成程度。行为化的描述使评估者能够清晰地了解需要采取的具体行动或表现，从而有效地进行评估和反馈。

同时，评估指标体系的设计必须考虑到多种条件的制约，包括人力、物力、财力、时间以及评价技术手段等方面。这些制约因素影响着评估活动的可行性和实施性。例如，评估过程中需要足够的人力资源来收集和分析数据，适当的物力支持来实施评估活动，财务资源来购买必要的评估工具和设备，以及足够的时间来完成整个评估周期。

评估指标体系设计的实施性和可行性是其成功的关键因素。只有在考虑到这些条件的制约和需求后，评估指标体系才能真正地为教育质量提升和管理决策提供有价值的信息和支持。

（三）高等教育评估指标体系设计方法

评估指标体系的设计有较强的政策性和技术性。需要按照一定的程序，采用科学的方法进行技术处理，才能使指标内容、体系达到较为理想的要求。设计指标的程序和相应的技术、方法，大体可分为以下几个方面。

第一，分解目标。分解目标是建立评估指标体系的基本方法。首先，需要研究目标的结构，分析构成目标的要素，并在此基础上设计各项评估指标。这个过程要同时关注显性和潜在的因素，确保指标体系的完整性。其次，需要逐层分解目标，对较为笼统和抽象的目标进行进一步细化，以提高其可测性。最后，确定末级指标的评估标准和各指标的权重，形成一个有机的整体，建立完备的评估指标体系。例如，评估学生质量是通过分析总体培养目标的结构，确定评估学生德智体等方面作为第一级目标；然后分解上述目标，得到二级指标；为了使目标更加明确具体，可将二级指标再行分解；依次类推，最后参照国家的有关规定、教学大纲以及本校的实际，对末级指标制定具体评估标准。又例如，评估重点高等学校办学水平是通过本科生培养、研究生培养、科学研究、学校管理等4项1级指标建立指标体系的。而上述指标明显不具有可测性，可继续分解为2级指标。可以将本科生培养以"教学工作水平"与"学生质量"两种过程评估和成果评估的形式建立2级指标。教学工作水平又可以"教学计划与管理""教学工作与改革""思想政治工作与思想政治教育"等继续分解为3级指标，直至形成可测的指标。由此可见，1级指标中的任何一个指标都不能代表高等学校的办学水平；同样，2级评估指标中的过程评估指标或是成果评估指标也都不能单独代表本科生培养水平。但是高等学校办学水平的高低受到上述各个要素的影响，离不开上述各个要素的共同作用。因而，人们可以用这些要素的全体来对被评估对象做出判断。

第二，归类合并。通过分解目标得到的大量末级指标可能存在重复或矛盾，因此需要进一步加工整理。主要从三个方面入手：一是删除和合并重复的指标条目，简化和提炼指标体系；二是修订和统一不协调的指标，以符合总体目标要求；三是根据实际情况分析指标的可行性，进行取舍和完善。这样的程序可以精简指标项目，提高指标体系的质量，确保评估的有效性，是设计评估指标体系的重要工作之一。

第三，理论论证。经过以上方法筛选得到的指标需要进行科学理论论证，主要基于教育科学、心理学和系统科学的原理。论证过程中，需要明确指标的内涵，并针对教育、评估、管理目标以及被评估对象的实际情况逐一进行分析，以确保指标体系具备高质量。总体而言，指标体系应该层次清晰、结构严谨，每一条指标的内涵明确、表述简洁。

第四，专家评判。指标设计完成后，专家评判是将指标从理论设计阶段引向实际管理实践的重要步骤。评判专家通常包括评估理论研究者、上级领导、经验丰富的教育行政人员和教师等。评判过程可以采用个别访谈、座谈会、问卷调查、现场调研等多种方式，根据具体情况选择或结合使用。

第五，预试修订。经过筛选和修订后，指标体系初步确定后，可以与评定标准相匹配，选择小范围实验以验证其可行性。实验后根据结果对指标体系进行进一步修改，使其结构更加合理，然后正式投入使用。

三、高等教育评估工作的实施

教育评估是技术性很强的工作，能否科学地组织评估，对评估的质量与结果的可靠性和有效性有着重要的影响。评估过程大体可分为准备、实施、结果处理和结果反馈四个环节。

（一）教育评估的准备

评估准备环节是在具体实施评估之前的必要预备工作。其质量直接影响评估的质量。准备环节通常包括组织准备和方案准备两方面内容。

1. 组织准备

评估的组织准备包括成立专门的评估委员会、设置适当形式的评估办事机构、聘请相关专家组成专家组，以及动员教师参与评估活动等。不同类型的评估活动需要相应的组织形式和方法，这些形式和方法必须与政府设立的评估机制相协调，并需考虑评估者的基本素质要求。

2. 方案准备

一次特定评估的主要目的是鉴定教育活动，衡量其是否达到了标准，或找出问题并及时改进教育工作，调整教育计划。评估可以涵盖教育活动的全过程，包括条件、过程和结果，为教育决策提供信息。显然，不同目的的评估在组织、内容及方法上有所不同。评估的范围可以是全面的，也可以针对某一方面。影响教育质量和办学水平的因素中，有些是关键的，必须评估；有些则次要，可以忽略。因此，评估的准备阶段必须确定主要评估的方面。

明确评估目的和依据的目标。评估目的决定评估方案的准备、实施和结果处理。例如，本科教学评优评估与本科教学合格标准评估的方法和标准不同。前者采用相对评估法，通过比较得出结论；后者采用绝对评估法，依据规定标准衡量学校水平。因此，开展评估首先要明确评估目的。评估的依据目标与目的并不相同。

设计评估标准。评估标准是评估工作的基础，决定了评估的可信度和有效性。评估的最终目的是促进教育改革，提高高等教育质量。因此，评估标准必须有助于实现这一目标。

选择信息收集和处理的方法。信息收集方法包括测验法、调查法、实验法和观察法等，各有特点和适用范围。在准备阶段，应选择或组合这些方法，以扬长避短，提高评估质量。

设计表格和文件。根据评估标准设计相应表格，如申报表、数据表等。在实地评审时，还需准备汇报提纲，以便被评单位按要求提供信息。这些表格和文件为专家评分提供便利。实际工作中，评估方案应根据具体情况选择或补充内容，以确保评估顺利完成。

（二）教育评估的实施

在评估过程中，要系统、全面、准确地收集评估信息，需要注意以下几个方面。

1. 宣传动员

广泛而深入的宣传动员在评估实施过程中具有重要的战略意义。它不仅有助于全面检查问题和收集信息，还为后续根据评估结果分析原因，制定改进措施奠定了坚实的基础。

评估的宣传动员需要细致深入，重点在于向参与评估的各方解释评估的目的、意义及其影响。对于评估者，宣传可以帮助他们理解评估的整体框架和所需的具体数据，激发他们参与的积极性。对于被评估对象，宣传则有助于消除评估可能带来的恐惧感或不适应，使其能够以更加开放和合作的态度参与到评估活动中。

为达到宣传的效果，可以采取多种常见方法。比如利用校刊、校报、专门通报等校内媒体，定期发布评估相关的消息和进展，确保信息传递的及时性和准确性；通过幻灯片、大型标语等在校园内进行宣传，直观地展示评估的目的和预期效果。还可以开展专题活动或文艺活动，如讲座、展览、演讲等，通过生动的形式深入浅出地介绍评估的背景、重点和意义，增强参与者的认同感和参与度。

利用现代化的传播手段也是必要的。可以利用地方广告栏目、广播、电视和网络平台等外部媒体，扩大宣传的覆盖面和影响力，让更多的人了解评估的重要性和意义。

2. 预评估

自我评估作为教育评估的重要组成部分，具有多方面的优势，对高等教育的发展和改进起到了至关重要的作用。首先，自我评估有助于全面收集信息，形成准确判断。通过自我评估，学校可以从内部视角出发，全面审视自身的教育实践和管理过程，从而获得第一手的信息。这种内部信息的全面性和准确性，有助于形成对学校实际情况的客观判断，为后续的改进提供科学依据。

自我评估能够减轻组织者的工作负担。外部评估往往需要评估机构投入大量的人力和物力，而自我评估则可以依靠学校内部资源进行，从而减少了外部评估的组织和协调工作量，节省了评估成本。同时，自我评估的灵活性和自主性，也使得评估过程更加高效和贴近实际。

自我评估还能够有效促进教育改革和工作改进。通过自我评估，学校可以及时发现自身存在的问题和不足，针对性地制定改进措施。这种主动发现问题、解决问题的过程，有助于推动学校教育教学质量的持续提升。同时，自我评估的反馈机制，可以为教育改革提供实时数据支持，帮助学校在改革过程中不断调整和优化方案，提高改革的科学性和实效性。

自我评估消除了时间、空间和心理障碍，使信息收集更全面。传统的外部评估往往受到时间和空间的限制，而自我评估可以随时随地进行，不受时空限制。这使得评估信息的收集更加全面和充分，有利于形成对学校各方面工作的全面了解。同时，自我评估可以有效消除评估过程中可能存在的心理障碍，使评估对象更为放松和真实地反映情况，提升评估结果的可信度和有效性。

3. 复评估

这是在自我评估基础上进行的外部评估，它有助于提高评估的可靠性。在各个学校的自我评估、检查活动中，由于各种原因，"报喜不报忧"的现象是经常可能出现的。有的可能是夸大自己的成绩，有的可能是掩饰自己的不足之处。在评估活动中出现这种虚假信息，会干扰管理部门正确决策的形成，也不利于被评对象自己改进工作。复评估是对这种信息的再鉴定，是克服这种错误倾向的重要途径。由校外专家对被评学校进行复评估，有利于在各校之间进行横向比较，易于发现被学校和专业自身忽视的经验与问题。复评估有助于提高评估的可靠性。

此外，还有助于提高评估结论的权威性。复评估是评估活动的一个重要阶段，它是专家组的评价。复评估的实施需要被评对象密切配合，尤其在实地评审中，被评单位需要尽可能实事求是地全面地提供各类材料，使专家能做出正确的结论。在这一阶段，组织者要注意加强监督，以防止各种弄虚作假的错误的行为与现象。

（三）教育评估结果的处理

这个环节主要是运用处理评估信息的方法，对评估信息进行处理，推断结论、提出建议。

1. 形成综合判断

形成综合判断就是从总体上对被评对象做出一个关于其工作的定量的或定性的综合意见。在必要的时候，对被评对象做出优良程度的区分或对被评对象做出关于其办学水平是否达到应有的标准的结论。

2. 分析诊断问题

综合判断的形成并不意味着评估工作的结束。为了充分地说明综合判断，有效地推动被评对象改进工作，还需要对有关资料进行细致的分析。对工作的长短得失进行系统的评论，帮助找出存在的问题和问题的症结所在。

（四）教育评估结果的反馈

必须把评估结果及时反馈给决策者和被评估者，促使他们做出正确决策或改进工作，提高工作效率。要认真完成评估报告，迅速、准确地反馈。

1. 评估报告

评估报告是教育评估完成后的全面总结，旨在反馈评估信息和结论，并提出相关建议，是教育评估工作的重要环节之一。评估报告不仅记录了整个评估过程的详细情况，还为未来的评估提供了宝贵的参考资料。通过评估报告，可以系统地发现和总结评估工作中的问题，为今后的改进提供依据，同时也确保了评估标准和结果的实际检验和应用。

评估报告的积极作用首先体现在发现评估工作中的问题上。通过详细的结果分析和结论，可以揭示教育过程中存在的各种问题，包括教学方法、课程设置、师资力量、学生反馈等方面。这些问题的发现，有助于学校和教育部门及时调整和优化教育策略，提高教育质量。

此外，评估报告为今后的评估提供了宝贵的资料。评估报告记录了评估的全过程，包括评估方案、目的、背景信息、实施过程、结果分析以及结论和建议等详细信息。这些信息不仅是当前评估工作的总结，也是未来评估工作的参考依据。通过对评估报告的分析，评估者可以借鉴其中的经验和教训，改进评估方法，提高评估的科学性和有效性。

评估报告还保证了评估标准和结果的实践检验。评估报告通过详细记录和分析评估过程和结果，检验了评估标准的科学性和适用性。通过对评估结果的反馈和建议，评估报告促进了评估标准的不断完善和优化，确保了评估工作的公正性和客观性。

评估报告的内容和框架根据不同的评估工作有所不同，但一般包括封面和正文两部分。封面部分通常包括评估报告的标题、评估机构名称、评估日期等基本信息，正文部分则是评估报告的核心内容，详细记录和分析评估过程和结果。

正文部分通常包括以下几个主要内容。

（1）评估方案：评估方案是评估报告的重要组成部分，包括评估的目的、对象、范围、方法、标准等详细信息。评估方案的制定是评估工作的基础，直接影响评估结果的科学性和准确性。

（2）目的和背景信息：评估的目的和背景信息部分详细说明了进行此次评估的原因和背景，包括教育政策、学校情况、评估对象的基本情况等。这部分内容有助于评估者全面了解评估的背景和目的，为后续的评估工作提供依据。

（3）实施过程：实施过程部分详细记录了评估的具体实施情况，包括评估的时间、地点、人员、方法等。这部分内容有助于评估者全面了解评估的实施过程，确保评估工作的透明度和公正性。

（4）结果分析：结果分析部分是评估报告的核心内容，通过对评估数据的详细分析，揭示教育过程中存在的问题和不足。这部分内容通常包括数据的收集、整理、分析和解释，通过数据分析，得出评估结论。

（5）结论和建议：结论和建议部分是评估报告的最终成果，通过对评估结果的总结，提出改进教育工作的具体建议。这部分内容不仅是评估报告的总结，也是未来教育工作的指导。

2. 评估的再评估

再评估包括反馈前评估和反馈后评估，是教育评估的循环过程。再评估的主要目的是检验评估质量，及时纠正误评，并为后续评估活动提供有效信息。反馈前评估的结果能在准备、实施和结果处理环节中纠正错误或不足，提高信息的信度和效度。

四、高等教育评估的实践和探索

20世纪80年代以来，我国高等教育事业从恢复到发展，取得了令人瞩目的成就。为了保证不断提高高等教育的人才培养质量和办学水平，高等教育界开始探讨评估的理论和方法，并开展高等学校评估实践。1990年国家教委发布的《普通高等学校教育评估暂行规定》，标志着我国高等教育评估制度已迈出了极其重要的一步。然而我国高等学校对评估理论的研究起步很晚，评估实践也仅仅是初步的，尚存在许多不足，需要不断地探索、改进。

（一）我国高等教育评估的实践

我国高等教育界将我国高等教育评估的实践分为两个阶段，1977—1984年为起步探索阶段；1985年至今是多方位试验阶段。

1. 高考改革与标准化考试试验

1977年全国恢复统一高考制度，它承担了高等学校选拔合格新生以及衡量中学教育质量两项任务。人们要求高考客观、公正、可靠、有效，既能选拔出可能胜任高等学校学习的新生，又能对中学教育起正确的导向作用。1981年教育部有关负责同志及时提出了稳步改革高等学校统考招生制度的意见，以后又提出了把高考与高中毕业会考分开的设想。1985年广东省教育委员会接受教育部委托，开展标准化考试试验，这在很大程度上克服了传统高考制度的弊端。同年上海市开始了高考单独命题工作，探索在高中毕业全面会考的基础上减少高考科目的考试，为逐步适应考试的科学化、标准化和现代化创造了条件。

2. 工科院校的评估试点

高等学校的评估是在改革开放的环境中发展的。1982年浙江大学率先开展了对光学仪器系的评议试点工作，评议内容包括人才培养质量、师资队伍、管理水平、投资效益和发展方向等五个方面。光学仪器系在整理分析各类教学文件、科研成果和实验室工作的基础上，提供了"光仪系情况汇报"和"本科教学改革汇报提纲"自评报告。1983年6月底至7月底组织了校内专家和校外专家两个评议组，用一周时间听取汇报，查阅所提供的资料，参观实验室，考察管理制度、仪器设备和实验质量，召开有关师生座谈会等形式，对光仪系进行了全面考察。写出了"内部评审报告"和"外部评审报告"，为光仪系的改革与发展提出了具体意见和建议。浙江大学光仪系的评议工作作为我国高等教育界对评估的探讨与试验，已经具备了高等教育评估的基本特征。

继浙江大学光仪系后，不少高等学校也相继开展了各种形式的校内评估探索，如同济大学的重点专业评审和西安交通大学教学工作过程的评估等。1985年发布的《中共中央关于教育体制改革的决定》中提出"教育部门要组织教育界、知识界和用人单位定期对高等学校的办学水平进行评估"后，高等教育评估得到了迅速发展。1986年国家教委高等教育二司对高等工程教育评估工作做了总体部署，学校办学水平评估由煤炭工业部和上海市分别选择4所院校作为试点单位，一是专业办学水平的综合评估由机械工业部负责；二是专业本科生培养质量评估由城乡环保部和电子工业部分别进行。课程教学质量的评估试点在普通物理、高等数学、理论力学和材料力学四门课程教学指导委员会的配合下，分别由黑龙江省、陕西省、北京市高等教育局组织进行。三个层次的试点涉及100多所高等工科院校。

3. 学位授予质量的评估

1985年和1987年国务院学位委员会先后进行了两项评估试点。1985年对政治经济学、物理化学、有机化学、通信与电子系统、化学工程等5个专业进行评估试点，着重评价81级研究生培养的质量。1987年对经济学门类中财政学、货币银行学和国际金融3个专业，工业门类中的金属物理、金属材料及热处理、铸造、压力加工、焊接、金属腐蚀磨损及防护7个专业的硕士和博士学位授予质量进行了检查和评估。这些评估对改革和完善我国研究生培养制度，保证学位授予质量，具有十分重要的意义。

4. 高等学校科研工作的评估

1987年5月，国家教委《关于改革高等学校科学技术工作的意见》明确提出，建立我国高等学校科研工作的评估制度，是加强科研管理的一个重要手段。从1988年起，按学校管理体制分层次进行，选择若干个科研机构进行评估。从此，科研评估也进入实践阶段。

5. 高等学校后勤的考核评估

1986年6月，国家教委在西安召开全国高等学校后勤工作会议，决定对全国高等学校后勤改革工作开展考核和评估。后勤系统的评估侧重于劳动效率、社会效益和经济效益等方面，通过评估使后勤更好地为学校教学科研服务。

6.高等学校本科教学工作评估

国家教委决定自1995年起的两三年内，对首批107所普通高等学校的本科教学工作进行合格评价，目的在于促使教育行政部门和高等学校党政领导重视教学工作，加强对教学的管理，增加对教学的投入。

高等教育评估一经开展便迅速向各个方面推广，上述几个方面反映了我国高等教育评估的若干主要侧面，并非全部。20世纪80年代末90年代初，上海交通大学等学校在院系级办学水平评估和机关评估上又有可喜突破。初步实践已经表明，高等教育的评估是高等教育自我完善的一种有效手段。

（二）高等教育评估发展趋势

现代教育评估的产生和发展，不仅是教育本身发展的结果，也是社会发展的需要。每当社会对高等教育提出新的要求时，高等教育评估往往有所反应。此外，高等教育评估主要是促进教育的提高，是为受教育者的全面发展服务的。因此，当观察高等教育评估发展趋势时，必须从教育发展、社会需要和人才培养的要求等多种角度来考虑。

1.高等教育评估的外延内涵发生变化

高等教育评估的思想正在向促进教育主动适应社会经济发展与科技进步的方向转变。评估的外延和内涵不断扩展，不再局限于评估学生成绩，而是全面覆盖教育工作的各个方面及整个教育系统。这一转变意味着评估更注重系统性和全面性，既关注教学质量，也关注学校管理、教育资源配置、科研水平等多个维度。

现代高等教育评估不再单纯依赖量化测量，而是结合量化测量与质性分析，力求结果的科学性和全面性。量化测量提供了客观的数据支持，质性分析则能深入挖掘数据背后的原因和意义，从而使评估更具深度和洞察力。

评估重点从局部关注逐渐转向全局考虑，既综合考虑学校内部的管理体制、教学质量、教师水平等因素，也涵盖社会经济发展、科技进步、政策环境等外部因素。这种全局视角使评估更准确地反映高等教育的实际状况和发展趋势。

现代高等教育评估还注重动态性和适应性，能够及时调整和更新以应对新的变化和需求。这种动态评估不仅能及时发现和解决问题，还能引导教育机构不断改进和创新，提高整体教育水平。

2. 高等教育评估理论的丰富和深化

为了深入研究现代教育评估的本质、属性和功能，需要从哲学、社会学和教育心理学等基础方面丰富和深化评估理论。首先，哲学基础包括价值论和认识论，这有助于从理论上概括评估的本质和方法论。价值论可以帮助我们理解教育评估的最终目的和价值取向，确保评估过程和结果具有正确的导向；认识论则为评估方法提供了理论依据，帮助我们构建科学合理的评估体系和方法。

社会学基础研究教育与社会的相互关系，以评估促进教育服务社会发展。通过社会学的视角，教育评估不仅可以反映教育自身的问题，还可以揭示教育与社会其他领域的互动关系，从而促进教育更好地适应社会需求，服务于社会发展。社会学基础还可以帮助我们理解教育评估在不同社会背景下的具体表现和作用，指导我们制定更具针对性的评估策略和方法。

心理学基础则包括评估中被评人和评估人的心理状态及教育目标的心理学依据。理解被评人（如学生和教师）的心理状态，可以帮助我们设计更具人性化的评估方式，减少评估过程中的压力和焦虑，提高评估的有效性和接受度。同时，理解评估人的心理状态，则有助于确保评估过程的公正性和客观性。教育目标的心理学依据，可以帮助我们制定更符合学生心理发展规律和教育需求的评估标准和方法，从而提高教育评估的科学性和实效性。

3. 高等教育评估的功能向更重视以诊断、调节服务为主的形成性评估改进

教育评估在理论上可以分为终结性评估和形成性评估两种主要类型。终结性评估侧重于对教育活动最终结果的评价，通常用于认证学生或教育机构的成就，并进行排名或比较。它关注的是教育的终点，如学生在考试中的成绩、学校在某个时间段内的表现等，以此来判断教育的效果和质量。

相比之下，形成性评估注重教育过程中的反馈和调整，旨在促进学生的全面发展和教育质量的持续改进。形成性评估不仅关注学习者的学习进展和理解程度，还关注教学方法的有效性以及教育环境对学习成果的影响。通过及时的反馈和调整，形成性评估可以帮助教师调整教学策略，更好地满足学生的学习需求，促进他们的持续进步和个人发展。

在教育发展中，终结性评估和形成性评估各有其重要作用。终结性评估提供了对整体教育系统或特定教育活动的总体评估和验证，对于确保教育质量和公平性具有重要意义。而形成性评估则更加注重教育过程中的动态调整和个性化反馈，有助于优化教学过程和提升学习效果。

然而，现代趋势认为形成性评估在适应教育的多样化需求和促进教育的全面发展方面更具优势。它强调持续性的评估和改进，与教育的本质相符，即教育是一个动态的、互动的过程，需要根据学生的学习情况和社会需求进行不断调整和优化。因此，形成性评估不仅关注学术成绩，还关注学生的综合能力发展和自主学习能力的培养，以及教师的专业发展和教学效果的提升。

4. 高等教育评估主客体的统一协调

在早期的教育评估实践中，评估者和被评者常常存在着一种对立的关系，这种情况严重影响了评估活动的可信度和有效性。评估的过程往往被视为一种外部强加的检验，而被评者往往感受到被动和压力，这不利于评估结果的真实反映和评估目标的达成。因此，现代教育评估理论强调被评对象的积极性和主动性至关重要。

评估活动的关键在于评估者如何能够以促进被评对象的进步和发展为核心进行评估。形成性评估的理论迅速发展正是基于这一需求的反映。形成性评估强调评估过程中的互动与反馈，重视教育过程中的持续改进和个性化发展。通过建立评估者和被评者之间的互动机制，评估不再仅仅是一种单向的检验，而是一种共同探索和协同改进的过程。

实现评估主客体的统一协调关键在于双方共同商定评估的内容、方案和指标体系。这种共同商定确保了评估的公正性和客观性，同时也提升了评估的效力和实效性。通过让被评对象参与到评估设计和实施过程中，评估不仅更能充分反映其真实情况，还能够激发其参与意识和积极性，从而提升评估活动的质量和成效。

5. 高等教育评估更重视定性与定量的结合、主观与客观的结合、实验与非实验的结合

早期的教育评估倾向于使用定量、客观和实验性的方法，这些方法强调数据的收集、量化分析和结果的可重复性。然而，随着对评估理论的深入研究和实践的发展，人们开始意识到过度依赖这些方法可能会忽视一些难以用数字来精确衡量的重要因素。

在高等教育评估中，许多影响因素确实难以简单地通过量化手段捕捉，比如学生的思想感情、道德品质以及教育过程中的人际互动和情境因素。这些因素对教育质量和学生发展同样至关重要，但却不容易用数字来精确衡量。

因此，在评估过程中，适度采用主观描述、定性分析和非实验性的自然观察方法变得尤为重要。主观描述可以帮助捕捉到学生在学习和成长过程中的个性特征和心理变化，定性分析则能深入探讨教育活动的情境因素和社会影响，非实验性的自然观察方法则更贴近真实的教育现场，反映出教育过程中的复杂性和多样性。

这种综合运用不同方法的评估方式，有助于确保评估的全面性和准确性。它使评估者能够更全面地理解教育实践中的多样性和复杂性，不仅关注于可量化的学术成绩和物质条件，还能够捕捉到教育活动中的非物质价值和社会影响。通过这样的评估方式，可以更有效地指导教育改革和优化教育策略，以更好地满足社会的需求和个体的发展。

6. 高等教育评估中，强调自评为主，重视外部考察与自评的结合

教育评估作为一种通过外部力量促进被评对象进行自我评估的过程，扮演着现代教育管理中至关重要的角色。在教育体系日益复杂和多样化的背景下，评估不仅仅是一种测量和反馈的工具，更是推动教育质量提升、促进教育改革的关键机制之一。下面深入探讨教育评估的定义、方法和实施，特别是评估中如何平衡外部专家与被评对象自我参与的重要性，以期探索如何最大化评估的效果和意义。

教育评估的本质在于通过外部力量激励被评对象进行自我评价。这种评估不仅是对教育机构、教师和学生的一种监督和指导，更是一种促进自我反思和改进的机会。评估的基础是被评对象对自身工作和表现的认知和反思，只有这样，评估才能真正贴近实际、有效发挥作用。

现代教育评估需要同时重视评估机构和专家组的意见，以及被评对象的自我评价。评估机构和专家组能够通过专业的知识和经验提供客观、科学的评价标准和方法，为评估活动提供指导和支持。而被评对象的自我测评则是评估过程中不可或缺的部分，他们对自身表现的深刻理解和反思，能够为评估提供关键的数据和见解。

在现代社会中，教育评估的实施方式多种多样。除了传统的定期评估和检查外，越来越多的国家和地区开始尝试新型评估方法，如基于学习成果的评估、跨学科能力评估等。这些方法不仅仅关注学生的学术表现，更注重其社会、情感和实践能力的发展，体现了教育评估向多元化、全面化发展的趋势。然而，教育评估的实施并非一帆风顺。在评估活动中，往往会出现各种心理和行为偏差，如防卫心理和形式主义的表现。防卫心理使被评对象倾向于过高估计自身表现，或是回避和掩盖可能存在的问题；而形式主义则表现为仅仅为了达到形式上的要求而参与评估活动，而非真正关注和改进教育质量。

为了应对这些挑战，评估活动必须强调被评对象的积极参与和自我认知的重要性。只有被评对象能够真正理解评估的目的和意义，积极参与评估过程，才能避免上述心理和行为偏差的出现，从而确保评估的客观性和有效性。评估不应局限于简单的数据收集和统计分析，更应成为一个促进教育者和学习者反思和成长的机制。

在实际操作中，如何平衡和整合外部专家和被评对象的角色成为一个关键问题。外部专家的专业知识和客观视角是评估活动不可或缺的部分，他们能够提供中立和客观的评价，帮助学校和教育机构发现问题、制订改进计划。而被评对象的自我评估则能够为评估提供内在动力和支持，促使其真正从评估中受益并积极应对评估结果。

综上所述，教育评估作为一种促进教育质量提升和改进的重要机制，其核心在于通过外部力量促使被评对象进行自我评估。评估的有效性和意义在于如何充分发挥外部专家和被评对象的作用，平衡和整合二者的视角和参与，使评估不仅成为一个评判和监督的工具，更成为一个促进教育者和学习者成长和发展的机制。

7. 高等教育评估更重视民间团体的作用

近年来，国外在教育评估的组织与人员安排方面越来越倾向于利用民间学术团体开展评估活动。这种趋势的形成主要源于教育评估作为一项高度专业化和技术性强的工作，具有其特定的科学法则和专业知识要求。因此，专业人员在评估过程中的角色越发受到重视。依托民间团体和专家群体已经成为现代教育评估的显著特征，彰显了评估专业化不断深化的趋势。

为了适应这一发展，一些国家甚至在高等教育机构内设立了教育评估学科，旨在培养专业的教育评估人才。这一举措体现了对教育评估工作需求日益增长的回应，为未来培养教育评估人才提供了有力支持。

（三）评估实践中需探索的若干问题

我国高等学校的评估起步较晚，存在不少问题，需要在今后的评估实践中不断探索和完善。其突出表现在以下几个方面。

1. 指标体系设计中的几个关系问题

整体性和主要性。在指标体系的设计中要考虑到整体性。为了保证评估指标体系能全面反映评估系统的质的属性，要求指标体系能尽力覆盖整个评估系统。但太多的指标会使评估过于烦琐，因而要抓住影响系统运行的主要因素的指标，使整个评估体系既科学又简易可行。

共性和个性。高等教育是一个庞杂的教育体系，影响各个环节的因素是十分复杂而多变的。各个学校、专业都有各自的特点。因而在指标设计中除了以反映各单位共性指标为主以外，还应有反映各被评单位特色的指标。一般可采取两种形式：一是在进行某一指标评估时，对于不同的单位赋予不同的标准。例如，在校内院系级评估科研工作时，理、工、文、管等专业的标准可不一样。二是将"机遇"一类的指标作为附加指标。例如，"各系在全国同行评估中的地位"也是反映院系级办学水平的一项指标，但不是每个院系都碰到过全国性的评估，故只能以附加指标出现。

动态和静态。在评估指标的制定中，正确处理"动"和"静"的关系也是经常遇到的问题。指标体系中目标指标往往是一种"静态"反映。然而形成现状的原因是复杂的，尤其是教育的滞后性特点，往往"现状"是反映了前几任领导的工作成果。因而在指标体系的设计中必须要有能反映动态的"努力度"和"增量"之类的指标。

定性和定量。在评估的实践中，评估方法的选择必须服从于评估的目的。评估信息处理的方法也同样服从于所需信息的性质和特点。有时一个模糊的教育现象，如果一定要赋予一个精确的"量"，反而弄巧成拙。特别是对于评估最终结果的处理，往往用定性的描述更为确切。经过大量实践，近年来不少高等学校在非选优评估中，主张一级指标不设权重，不将不同质量的一级指标叠成总分，而用定性描述来反映各被评单位的特色。

2. 评估方法的简易可行问题

大量实践证明，评估方法的过于烦琐、工作量过大，使不少高等学校听说评估就望而生畏，更不愿主动开展校内评估。如果在自我评估过程中注意"三个一致"，就能使评估方法做到简易可行。

评估指标体系应与管理目标保持一致。高等学校的管理人员从校长到院系和部门负责人，都有各自的管理目标。评估作为目标管理的工具之一，其指标体系应当是这些管理目标的具体分解和体现。一个有效的指标体系就是一套明确的管理目标。

评估团队应与管理团队一致。在评估过程中，每个一级指标条目可以由负责该项工作的领导和日常管理人员组成评估小组，以一级指标为单位进行评估。这种组成方式既体现了同行专家评估的效果，保证了评估的科学性，又避免了额外招募专家队伍的成本，节约了人力资源。

评估的实施应与日常管理保持一致。各类高等学校都建立了日常管理制度，包括年度和学期工作安排、教学检查、各种报表统计和汇报等。这些日常管理产生的数据虽然不能完全满足评估的需求，却构成评估的信息基础。利用这些现有渠道可以减少重复劳动和数据的冗余。

3. 关于纠正和防止评估心理偏差问题

评估信度受到心理因素影响的重要主观原因是心理误差。这些误差来源于评估者的心理偏差。首先是情感效应，即评估者由于与被评对象的情感关系而产生偏见，难以客观评估；其次是近因误差，评估者更倾向于基于最近印象评估对象，而忽略了整个评估期间的事实；再次是晕轮效应，评估者可能过度关注评估对象的某些特征，导致对其他特征评估不准确；最后是暗示效应，评估者受到某种影响而不自觉地调整评估态度。

此外，被评对象的心理误差也会影响评估的客观性和准确性。人们在自我评估中往往具有自我防卫心理，可能高估自身成绩，缩小或回避自己的短处和失误。

为了纠正评估中的心理偏差，可以采取多种措施。首先，严格挑选作风正派、具有专业水平的评估者，并进行定期的评估者培训，以确保他们理解评估原则，增强对评估要素的把握，避免偏宽或偏严的倾向。同时，对被评者，要求降低评比意识，将评估过程聚焦于帮助其发展特长、改进工作，而非仅关注排名，减轻其心理压力。

在校内评估中，可以引入制约机制。例如，由基层单位签署认可采集的数据，基层自评报告由上级机构核实证明，以确保评估信息的可靠性，减少心理偏差等人为因素带来的影响。

第六章　高等教育管理创新

　　高等教育管理方法的创新发展是时代建设、提升高校教学质量、促进院校可持续发展以及学生和教师全面发展的需要。然而，目前我国高等教育管理中存在管理理念滞后、创新工作进展缓慢、组织结构不合理、过程管理力度不足等问题，这些问题阻碍了高等教育事业的发展。因此，高等教育管理者应勇于革新管理理念，完善管理结构，加强过程管理的创新，并在管理中应用知识管理，提高管理实效性和促进管理模式发展。此外，通过高等教育宏观规划理论与方法研究，可以进一步提升我国高等教育管理的质量和水平。

一、高等教育管理创新概述

　　目前，高等教育所面临的国内及国际形势均处在一个深刻变革的时期，从国际环境来看，经济全球化不断深化，高等教育的开放程度越来越高，在这样的大环境之下，不管是我国国内的高等教育还是国外的高等教育事业均面临着空前的挑战和机遇。

（一）高等教育管理创新的意义

随着市场经济的快速发展和信息技术的不断进步，高等教育管理面临着前所未有的挑战和机遇。管理创新不仅能够提升高等教育的整体水平，也具有深远的社会和经济意义。下面将从几个方面详细探讨高等教育管理创新的意义。

1. 适应高校发展需求

当前，高等教育管理创新是提升高校适应力的关键。在竞争激烈的录取环境中，强化教育管理以增强竞争力已成为高校的必要举措。我国为应对国际竞争，提出了建设创新型国家和构建和谐社会的战略任务，实质上需要大量人才的支持。高校需要通过有效的教育管理，不断培养和输送人才。然而，现行的高等教育管理模式已无法满足创新型人才培养的需求，因此管理创新迫在眉睫。这不仅是解决创新型人才培养与现行管理不适应矛盾的根本所在，也是高校在当前发展形势下必须进行的调整。

2. 提高教学质量

教学质量是高等教育的核心竞争力。管理创新通过优化教学资源配置、改善教学方法和手段，可以显著提高教学质量。大数据技术的应用可以帮助高校更精准地了解学生的需求和学习情况，从而制定个性化的教学方案，提高教学效果。同时，信息技术的普及也促进了在线教育的发展，为学生提供了更多的学习资源和灵活的学习方式。例如，智能化教学平台可以通过数据分析，跟踪学生的学习进度和表现，及时提供反馈和指导，帮助学生更好地掌握知识。

3. 适应教育改革和自身发展需求

自20世纪90年代以来,高等教育经历了显著发展。然而,传统的教育管理模式已难以满足当前高校进一步深化发展的需求。高校扩招成为普遍现象,大幅提高了高等教育的普及程度,促进了国民整体素质的提升。然而,伴随扩招而来的教学规模和师生数量的激增,使得高等教育管理的发展速度远远落后于此,二者之间出现了不相适应的情况。教育改革的深入也超前于教育管理的创新,因此,推进高等教育管理创新势在必行。只有通过管理创新,才能更好地适应高等教育改革和高校自身发展的需求。

4. 增强科研能力

高等教育不仅承担着人才培养的任务,还肩负着推动科研创新的使命。管理创新为科研工作提供了新的动力和支持。通过信息化管理系统,高校可以更有效地进行科研项目的管理和资源分配,提高科研工作的效率和成果转化率。大数据分析技术可以帮助科研人员发现研究热点和趋势,优化科研方向和策略,从而提升科研能力和国际竞争力。例如,科研管理平台可以整合各类科研资源,提供数据共享和协作工具,促进跨学科、跨机构的合作研究,提升科研产出质量。

5. 解决高等教育管理中的问题

传统的高等教育管理已暴露出诸多弊端,难以满足当前发展的需求。首先,高等教育管理观念落后,习惯于按照传统经验处理问题,而不是用创新思维解决问题。很多情况下,管理层宁愿采取保守的方式,也不愿进行创新,这导致高等教育管理停留在"管"的层面,忽视了服务教师和学生的宗旨,民主化程度不够。其次,高等教育管理缺乏完整的管理标准和制度,已形成的制度也未能根据实际情况调整,导致管理过程缺乏依据和标准，混乱无序。最后，高校普遍存在不重视教育管理人才队伍建设的问题，缺乏专业的管理团队，影响了教育管理工作的质量和效率。

6. 推动经济发展，增强可持续发展能力

高等教育管理的创新不仅对高校自身具有重要意义，也对社会经济发展产生深远影响。高校作为知识和创新的源泉，通过管理创新，提高人才培养质量和科研水平，可以为社会输送更多高素质的人才和创新成果，推动产业升级和技术进步。例如，高校与企业的合作创新平台，可以促进产学研结合，推动科技成果转化，促进区域经济发展。

高等教育管理创新有助于高校增强可持续发展能力。在资源有限的情况下，通过管理创新，高校可以实现资源的高效利用和可持续发展。例如，绿色校园管理系统可以通过智能化手段，实现能源的节约和环境的保护，提升校园的可持续发展水平。同时，管理创新也可以促进高校在社会责任和环境保护方面的积极作为，树立良好的社会形象。

（二）高等教育管理创新目前存在的问题

我国原有的高等教育管理体制以集中计划为基础，由中央和省级政府分别投资办学和直接管理。这种模式在计划经济时期有效地支持了教育发展，但随着时代的进步，逐渐暴露出条块分割、自成体系的问题。结果，教育资源配置不合理，规模效益低下，教学质量难以保证。当前的高等教育管理体制、思想观念、管理队伍和制度建设，以及管理方法和手段，已经无法适应新的挑战。为了推进高等教育管理创新，需要解决以下关键问题：

管理理念缺失。当前的管理理念存在明显滞后，忽视了学校、教师和学生的主体性，过分强调"专业对口"，而忽视了学生个性和创造力的培养。管理方式陈旧，缺乏创新。现代教育管理应该注重以人为本，尊

重和激发学生的兴趣和潜能，培养具有创新精神和实践能力的人才。然而，现行体制下，许多学校仍然采用传统的管理方式，未能充分适应新时代对教育的需求。

管理组织缺失。现行的组织结构呈金字塔式，层级分明，导致管理效率低下。简政放权、转变政府职能是改革的关键。应扩大高校办学自主权，允许学校根据自身特点和社会需求自主设置课程和专业，促进多元化发展。此外，还需大力发展民办高等教育，形成公办和民办共同发展的格局，增强基层管理者的积极性和创新性。政府应从直接管理转向宏观调控，给予学校更多的自主权，同时加强对学校的监督和评估，确保办学质量。

管理制度缺失。目前的管理制度缺乏动态性和良性互动机制，未能充分调动学校和教师的积极性和创造性。许多制度设计脱离实际，无法有效激励教学创新和提高教学质量。高等教育管理制度应当结合自律和他律，建立激励机制和评价体系，促进教学质量的不断提升。评价指标不应仅局限于学术成绩和科研成果，还应包括教学方法的创新、学生的综合素质和社会适应能力等方面。通过科学合理的评价体系，激励教师不断改进教学方法，提升教学效果。在实际操作中，制度建设应注重灵活性和适应性，根据教育发展的需要进行调整和优化。同时，应加强制度的执行力，确保各项管理措施落到实处。只有这样，才能真正实现高等教育管理的现代化，推动高等教育事业的健康发展。

管理队伍缺失。管理队伍的素质对高等教育的发展至关重要。目前，管理队伍建设存在用人机制不完善、管理思维陈旧、重使用轻培养等问题。管理主体能级不符，优秀人才得不到提拔，导致冗员堆积，严重影响管理效率。虽然已注重选拔优秀人才，但忽略了对现有管理人员的培养，整体素质偏低，管理水平不足。

管理方法落后。在高等教育管理方法上，缺乏系统的理论指导，形式和手段单一落后。依靠传统经验发布指令，管理中忽视人的主体地位，没有充分发挥专家和教师在学校管理中的主人翁作用。

推进高等教育管理创新是一项系统工程，需要从理念、组织和制度等多个层面进行全面改革。只有更新管理理念，简政放权，扩大高校自主权，发展民办教育，以及建立科学合理的管理制度，才能适应新时代的要求，提升高等教育的整体水平。只有这样，才能培养出更多具有创新精神和实践能力的人才，为我国社会经济的发展提供坚实的人才保障。

二、高等教育管理创新思路

理念创新决定着制度、模式和方法的创新，必须遵循高等教育的发展规律，立足现实、与时俱进，才能使我国高等教育满足市场经济的发展要求。

（一）适应经济和社会发展需要

德国著名教育家威廉·冯·洪堡[①]在他的《论柏林高等学术机构的内部和外部组织》一文中指出，大学立身的根本原则是，在最深入、最广泛的意义上培植科学，并使之服务于全民族的精神和道德教育。因此，从现代大学创立以来，服务社会一直是其基本理念。20世纪初以来的科学革命和技术革命推动了高等教育的新发展，尤其是20世纪80年代以来的高科技及其产业化，促使高等教育发生重大变革，呈现出教育、科技、经济与社会发展一体化的态势。

---

① 威廉·冯·洪堡（Wilhelm von Humboldt，1767—1835），德国柏林大学创办者，著名教育改革家，被誉为"德国现代大学之父"，其独特的办学模式影响了世界高校改革的进程。

高等教育是知识经济的重要支柱，对推动经济和社会发展具有关键作用。高等院校的基本职能在于培养高素质人才和促进科技创新，以满足社会的需求。为此，院校应通过科学定位、合理规划和改革教育模式，不断提高人才培养质量，增强学生的社会适应能力。

在人才培养方面，高校需要注重课程体系的更新和教学方法的改进。通过多样化的教育模式，如线上线下结合、实践与理论相结合，培养学生的创新能力和实践技能。同时，学校还应加强与企业和社会的合作，建立实习和实践基地，使学生在校期间就能接触实际工作环境，提升综合素质和职业能力。

在科研方面，高校应重视基础理论和应用技术研究，提升科研和创新能力。通过加强科研团队建设，提供良好的科研条件和激励机制，激发教师和学生的科研热情。高校还应积极参与国家和地方的重大科研项目，争取更多科研经费支持，推动前沿科技研究。

此外，促进科研成果的转化和高新技术产业的发展也是高校的重要职责。通过建立科技孵化器、技术转移中心等平台，推动科研成果的产业化，服务地方经济和社会发展。高校应加强与企业的合作，开展产学研合作项目，促进科技成果转化为生产力，实现社会效益和经济效益的双赢。

高等院校应充分发挥自身的知识和人才优势，积极提供各类咨询服务。作为广泛的"知识库"，高等院校通过各类咨询服务直接支持经济建设，参与企业技术改革和新产品研发，充分利用学校的知识优势与企业的资源优势相结合，以应对科技交叉与综合发展的需求，增值产品并创造具有市场竞争力的新产品。此外，高等院校通过咨询活动，促进教师和学生参与社会，增强实践能力，推动教育质量和校园发展。

高等院校还需肩负起提高全民族素质和倡导先进文化的责任。在教学和科研活动中，高等院校应加强思想理论研究，引领时代发展潮流，通过先进思想武装师生，统一思想意识。同时，加强道德建设，推动社会价值体系和道德风尚与时俱进，开展社会文化研究，传播先进文化，引导人们在时代发展潮流中实现理想与行为的一致性。

（二）坚持"以人为本"

高等学府的主要任务在于培养符合国家和社会主义建设需要的人才，要实现这一目标，必须顺应时代潮流，更新传统的教育观念，坚持以人为本的教育理念，深化教育教学的改革和创新，确立以人才培养为核心、促进全面人格发展的教育理念。

1. 作为创新的基本理念，应将"以人为本"置于首位

教育的根本职责在于塑造完善的人格，尊重每个个体的独特性，并创造一个有利于全面发展的环境。这种环境不仅促进个人创造力的发挥，还推动社会文明的进步。作为教育体系的重要组成部分，高等教育在国家创新体系中占据着特殊的地位。

培养高素质的创新人才是高等教育的重要责任。这不仅关系到个人的发展，更直接影响到国家的国际竞争力和经济社会的发展。在全球化的今天，国家间的竞争日益激烈，创新能力成为决定胜负的关键因素。而高等院校通过提供先进的知识、技能和创新思维，肩负着培养创新型人才的重任。

高等教育应注重培养学生的综合素质，既要重视专业知识的传授，也要注重培养学生的创新能力、实践能力和社会责任感。通过科学的教育模式和丰富的教育资源，高等教育机构能够为学生提供全面发展的平台，激发他们的创造力和潜力。

2. 作为管理的基本理念，应将"以人为本"贯穿全过程

教育创新涵盖思想观念、体制机制、模式内容、方法手段、制度管

理等多个方面，旨在通过推广新观念、新体制和新方法，促进教育进步，释放个人创造力潜能，促进全面发展。核心在于以人为本，树立学生至上的理念，支持学生的全面发展，同时强调教师在教育创新中的主导作用，推动教师队伍建设和提升教师的积极性和创造性。

教育创新需要先在思想观念上实现突破，摒弃传统的灌输式教育模式，转向以学生为中心的教育理念。鼓励学生自主学习，培养他们的批判性思维和创新能力，营造开放包容的学习环境。这样的教育理念不仅有助于激发学生的学习兴趣，还能培养他们解决实际问题的能力，为未来的发展打下坚实的基础。

教育创新还应体现在体制机制的改革上。通过简政放权，扩大学校办学自主权，建立灵活高效的管理体制，使教育资源得到合理配置和有效利用。同时，鼓励社会力量参与教育，推动公办与民办教育的协调发展，形成多元化的教育体系。

在教育模式和内容方面，教育创新需要不断更新课程设置和教学方法。引入跨学科的综合课程，结合实际应用的项目式学习，培养学生的综合素质和实践能力。利用信息技术手段，发展在线教育和混合式教学模式，打破传统课堂的时空限制，提供个性化和灵活的学习体验。

3. 贯彻"以人为本"理念于人才培养全过程

国民经济的发展推动了高等教育从精英教育向大众教育的转变，这为教育创新提供了更大空间并提出了更高要求。大众教育与精英教育的转变不仅是数量的扩张，还涉及学生在知识基础、学习能力和道德水平上的显著差异。因此，教育必须注重人性化、层次化和个性化。大学教育应帮助学生掌握基础理论、科学方法和基本技能，培养健全人格和创新素质，并贯穿"以人为本"的教育理念，激发学生的学习潜能，树立终身学习观念，培养良好学习习惯，提升学习效果，以适应科技进步和知识更新的需求。

（三）尊重人才，学术自由

推进教育教学改革需要营造和倡导学术自由的氛围，这是提升高等教育质量的关键。为了实现这一目标，具体措施包括以下几种：

制定保障学术自由的制度，确保科研工作不受非学术因素的影响。学术自由是科学研究的生命线，只有在没有干扰和压力的环境中，科研人员才能充分发挥其创造力和创新能力。高校应建立健全的学术自由保障机制，明确学术自由的权利和义务，保护学术人员的研究自主权，避免行政干预和外界压力对科研工作的影响。

打破学科壁垒，鼓励跨学科研究。现代科学技术的发展越来越依赖于不同学科之间的交叉和融合。高校应倡导跨学科合作，设立跨学科研究平台和项目，促进不同领域的学者共同探讨和解决复杂的科学问题。这不仅能激发新的研究思路和创新成果，还能培养学生的综合素质和跨学科思维能力，为社会培养复合型人才。

尊重科学研究的规律，避免急功近利，以长远目标为重。科研工作具有长期性和不确定性，需要耐心和持之以恒的努力。高校应倡导务实的科研精神，制定长期的科研规划和目标，鼓励科研人员潜心研究，积累经验，逐步实现突破。避免片面追求短期成果和指标，防止学术浮躁和学术不端行为的发生。

这些措施不仅能促进科技创新，还能有效避免学术腐败，提升高校科研质量。学术自由精神与以人为本的教育理念相一致，是高等学校治学原则和社会成员基本需求的重要体现。在高度自由的学术环境中，科研人员能够充分发挥其潜能，进行创新性研究，从而实现个体全面发展和社会进步。

（四）强化素质教育，培养创新创业人才

高等教育教学改革的核心在于建立符合时代要求的全新人才观。在知识经济和新技术革命的背景下，传统的人才观已经不能满足现代社会的需求。传统人才观强调德、智、体全面发展，但如今的人才观需要具备以下几点新的要求。

坚实的知识基础和求知欲。在知识经济时代，知识是经济增长和社会进步的关键驱动力。现代社会需要的人才不仅要具备扎实的专业知识，还需要有广泛的相关知识。这种知识结构不仅可以帮助他们在特定领域内进行深入研究，还能促进跨学科的交流与合作。同时，培养学生的求知欲，使他们保持对新知识和新技术的持续兴趣，是高等教育的重要任务。求知欲是推动学生不断学习和进步的内在动力，高等教育应通过提供丰富的学习资源和机会，激发学生的学习兴趣和主动性。OECD[1]提出了关于事实、原理、技能和人力的知识分类视角，强调技能和人力知识对经济发展尤为关键，这些知识能够支撑企业的市场分析、生产组织和经营管理。

创新意识和热情。创新是现代社会发展的核心动力，创新型人才需要具备强烈的创新精神和热情。高等教育应通过各种方式激发学生的创新意识，鼓励他们敢于挑战传统思维，勇于探索未知领域。教育机构可以通过开设创新课程、组织创新竞赛和提供创新实验室等方式，营造一个有利于创新的环境。同时，还要注重培养学生的创新能力，使他们能够将创意转化为实际成果。

---

[1] OECD（Organization for Economic Co-operation and Development），即经济合作与发展组织，于 1961 年 9 月 30 日成立，总部设在巴黎。OECD 旨在共同应对全球化带来的经济、社会和政府治理等方面的挑战，并把握全球化带来的机遇。

发现和分析问题的能力。创新不仅需要创意，还需要具备发现和分析问题的能力。创新型人才应善于观察生活和工作中的问题，运用非传统的思维方式进行深入分析，从而找到解决问题的新方法和新途径。高等教育应注重培养学生的批判性思维和问题解决能力，通过案例分析、项目研究等教学方式，使学生能够在复杂的环境中灵活应对各种挑战。

脚踏实地、勇于面对困难的精神。创新的道路充满挑战和不确定性，人才需要具备坚定的毅力和勇气。高等教育应培养学生的坚韧精神和抗挫能力，使他们能够在面对困难和挫折时保持冷静，积极寻找解决方案。教育机构可以通过设立挑战性项目和团队合作等方式，锻炼学生的团队精神和解决问题的综合能力。

成果转化能力。将科技创新成果转化为现实生产力是高等教育服务社会的重要任务。创新型人才不仅要有创新的思维和方法，还需要具备将创新成果应用于实践的能力。高等教育应注重培养学生的实践能力和创业精神，通过产学研合作、创业孵化器等方式，为学生提供实践平台，使他们能够在实际操作中验证和优化创新成果，推动科技成果的产业化和市场化。

高等教育教学改革的成功不仅关系到个体的成长和发展，更关系到社会的进步和国家的未来。通过培养具备坚实知识基础、创新意识、发现和分析问题能力、坚韧精神以及成果转化能力的创新型人才，高等教育将为社会提供源源不断的发展动力，推动社会进步和经济发展。总之，高等教育要以人为本，树立学生至上的理念，全面推进教育创新，努力培养适应时代需求的高素质创新人才。

三、高等教育管理方法的创新

高等教育管理方法的创新是适应市场经济和国际化发展的必然要求。

传统的管理模式已无法满足当今时代的需求，教育管理者应运用现代科技，吸收国际先进管理经验，创新管理模式和方法，提升教育质量，实现从教育大国向教育强国的转变，以适应社会经济发展的需求。

（一）迎合市场经济背景

市场经济的发展对高等教育提出了更高的要求。高校必须提高管理效率和教学质量，才能在激烈的竞争中脱颖而出。传统的管理模式往往过于僵化，难以快速响应市场和社会的变化。创新管理模式和方法，成为高等教育管理者的迫切任务。

现代化科技为管理创新提供了有力的支持。信息技术的发展，使高校可以实现信息化和平台化管理，从而提高管理效率。例如，利用大数据分析，可以更精准地进行招生、教学和科研管理；通过建立智能化校园平台，可以方便师生的日常学习和生活。这些科技手段的应用，不仅提升了管理水平，也为高等教育的发展注入了新的活力。

（二）借鉴国际先进经验

经济全球化促进了教育国际化，各高校的开放程度日益加深。在这种背景下，借鉴国外名校的管理经验，可以起到事半功倍的效果。国外一些名校在管理模式上往往更加精简、高效，这为我们提供了宝贵的经验。

例如，美国的大学管理模式注重自主性和灵活性，强调教授治校和学术自由。这种管理模式有助于激发教师和学生的创新活力，提高教学和科研的质量。英国的大学则在管理和服务上更加专业化，通过建立一套完善的服务体系，保障了教学和科研的顺利进行。借鉴这些经验，可以帮助我国高校在管理上取得突破，提高办学水平。

（三）信息化与平台化管理

科技的发展为高校管理信息化、平台化提供了有力支撑。教育管理者应充分利用这一优势，推进管理的现代化。信息化管理不仅可以提高工作效率，还可以增强透明度和规范性，减少人为因素的干扰。

例如，通过建立高校管理信息系统，可以实现对学校各项事务的全面监控和管理。教学管理系统可以记录和分析学生的学习情况，帮助教师改进教学方法；科研管理系统可以跟踪和评估科研项目的进展，提高科研效率；财务管理系统可以实现资金的精细化管理，保障学校的财务安全。平台化管理还可以促进不同部门之间的协同工作，提升整体管理水平。

（四）教育观念与机制的创新

新的时期，我国已成为名副其实的教育大国，但与教育强国还存在一定差距。要实现从教育大国向教育强国的转变，必须在高等教育管理观念和机制上进行创新。

要树立以人为本的教育管理理念。高等教育的核心是人才培养，管理的一切工作都应围绕这一核心展开。要尊重和激发教师和学生的创新活力，营造宽松、自由的学术环境。

要建立科学合理的管理机制。高校的管理机制应当具有灵活性和适应性，能够快速响应外部环境的变化。例如，可以建立以绩效为导向的激励机制，激发教师和学生的积极性；可以推进校企合作，增强学校与社会的联系，促进产学研结合。

四、高等教育管理创新的策略

高等教育管理创新工作需要优化资源利用，培养学生创新能力，以期在提高教育质量与效率的同时，应对全球挑战。

（一）形成办学特色

高等院校要实现办学特色的提升，需要在以下三个方面进行深入发展。

创新教育教学。通过引入独特的教育理念和教学方式，高校能够打破传统教学模式的束缚，推动教育和人的全面发展。这包括采用现代技术手段，开展跨学科教学和项目化学习，以培养学生的创新精神和问题解决能力。教育理念的创新也应当注重学生个性化发展的支持，确保每名学生在学术和个人成长上都能得到充分的支持和引导。

构建学科特色。学科建设不仅是高校办学的基础，也是形成办学特色的关键因素。高校应当根据自身优势和社会需求，明确学科发展方向，加强学科交叉和综合实力的提升。通过优化专业设置、更新课程内容、拓展实验室设施等措施，提升学科竞争力和影响力，为学生提供更为丰富和深入的学术体验。

发扬大学精神。大学精神不仅仅是学术严谨和科研创新的象征，更是高校文化和社会责任的象征。高校可以通过弘扬学术自由、追求真理、培养公民责任感和社会使命感等核心价值观，引导师生树立正确的人生观和价值观。同时，通过举办学术讲座、文化艺术活动、社会服务项目等方式，将大学精神融入校园生活的方方面面，激励师生在学术和社会实践中发挥个人潜能，推动教育整体水平和影响力的提升。

（二）推进师资队伍建设

为推进高校师资队伍的整体建设，需要采取多种措施来提升教师的综合素质和专业能力，从而促进高等教育教学的全面提升和创新发展。首先，应将高校师资队伍视作一个有机整体，通过积极推动各项措施，包括提升教师的教育教学水平、专业学术能力、科学文化素养和科研创新能力等。这其中，关键在于让教师深入掌握先进的教育教学理念和方法，以及科研方法，培养教师勇于创新、崇尚科学的开拓精神。其次，高等教育的教学质量直接关系到师资队伍的整体素质和能力水平。因此，必须通过系统的培训和持续的学术交流，不断提升教师的专业能力和教学水平。这包括引入先进的教育理念和教学方法，以及培养教师的科研创新能力，从而推动高等教育教学的创新和发展。

此外，要形成高校师资队伍建设的良性循环机制。这意味着不仅要持续提升现有教师的能力，还要注重新生代教师的培养和引进，确保高校师资队伍的结构合理和质量稳步提升。这种方式能够有效促进我国高等教育教学的跨越式发展，为未来教育的挑战和需求做好充分准备，进而在全社会层面推动教育的持续优化和创新。

（三）正确把握教学管理

教学管理在于确保教学活动有序进行，提高教学质量和效率，它涉及课程规划、资源分配、教师指导、学生评估等多个方面。

1. 教学管理要点

在教学管理方面，应遵循以下要点：

（1）致力提升教学管理人员的水平

教学管理人员在高等教育教学中处于承上启下的关键位置，不仅要执行上级部门的工作部署，组织、协调好高校的教育教学管理工作，还要面对一线教师，与学生进行沟通。这样的工作职责要求教学管理人员应该具有良好的职业道德和高度责任感。教学管理工作的涉及范围很广，内容多且细，看似事小，但是实际上意义重大。例如，安排教学工作、传达上级文件精神、学籍档案管理、教师工作安排、考试工作安排等，这些工作年年重复，很容易引起认识上的麻痹。但是这些事情一旦出现管理问题就会造成教育教学工作不能正常运行。

（2）处理好教学管理与教学质量的关系

教学管理是高校对教学工作进行有序调节的过程，涵盖制订教学计划、安排教学任务、制定人才培养方案、教学跟踪监测、信息收集与分析、质量评价等多方面内容。其核心在于通过反馈和评估，及时调整教学计划，以提高教学质量。教学管理的有效实施需要建立健全的管理体系和运行机制，确保教育目标的有效达成和学生个体发展的全面支持。通过信息化手段和数据分析工具，教学管理能够及时获取和处理教学过程中的关键信息，为决策提供科学依据。教学管理不仅仅是组织和协调教学活动的过程，更是保障教学质量和学校整体发展的重要保障，促进教育教学工作朝着高质量、高效率的方向不断前进。

（3）处理好教学管理人员与教师的关系

教学管理人员与教师共同承担教育的责任，教学管理人员的工作主要以有效整合资源并发挥其作用为主，教师的工作主要以传播知识、启迪思想为主。

这一过程不仅仅是管理和协调教学活动的技术性工作，更是保障教学质量、实现教育目标的关键措施。通过有效的教学管理，学校能够动态响应教育需求和社会变化，确保教学过程的有效运行和持续改进。信息收集与分析在教学管理中扮演着重要角色，帮助管理者了解教学效果、学生反馈情况及时，为制定未来策略和政策提供科学依据。教学管理的综合性体现在其能力以及实现高效率和高质量教育的关键性作用，有助于建立富有成效和持久发展的学校教育体系。

（4）注重教学管理与教学研究的关系

教学管理是一个长期的过程，高校进行日常教学管理，确保教学工作正常运行，只是完成了第一层次的工作，代表有了良好的教学环境。

要想提升教学管理水平，提高人才培养质量，就必须开展教学研究。高校只有重视教育教学研究工作，从国情、校情出发，确立新思想、新措施和新制度，其教学工作的指导思想才会更加明确，教学目标才能更加恰当，才能保持高质量的教学工作和管理工作。教学研究水平相对较差的高校，其教学改革会比较落后，不能抓住教学改革的重点。因此，应该重视教育教学研究对教学管理的重要作用。

2. 教学管理人员的素质要求

作为教学管理人员，应具备以下基本素质。

（1）具备高尚的道德素质

教学管理人员的道德素质是他们能够有效开展教育管理工作的基础和保证。在高校，教学管理人员的道德水平直接影响着教育教学工作的质量和效果。因此，教学管理人员需要以身作则，通过自身良好的道德品质来积极影响学生，实现管理与育人的有机结合。

在现实工作中，教学管理人员的道德素质不仅体现在日常行为举止中，更体现在处理教育管理事务时的公正、诚信和责任心上。他们应该具备高尚的道德情操和坚定的职业操守，始终以学生的成长和发展为核心，积极倡导诚信、公正和团队合作精神，为学校营造和谐稳定的教育教学环境。

另外，教学管理人员还应注重自身的综合素质和能力提升，不断增强教育管理理论知识和实践技能，以更好地应对复杂多变的教育管理工作挑战。只有在道德、知识和能力的全面提升下，教学管理人员才能真正做到在管理过程中融入育人使命，为学生的全面发展和社会责任的培养做出积极贡献。

（2）具有强烈的责任心

教学管理工作具有重要性和持续性，工作过程中常常面临新问题和新情况的挑战。因此，教学管理人员需要表现出高度的责任感和积极主动性。举例来说，无论是考试的筹备和安排、试卷的编制，还是成绩单的整理，每一个环节都需要细心负责，确保工作的高效完成。

在实际管理过程中，教学管理人员应该对教学活动的各个方面保持高度关注和主动介入，以确保教育教学工作的顺利进行。他们需要善于分析和解决各种突发情况，灵活应对各种复杂情况，确保教学进程不受干扰，学生和教师能够在良好的教学环境中开展教育活动。

此外，教学管理人员还需具备良好的沟通协调能力和团队合作精神，与各部门紧密合作，共同制定和执行有效的教学管理策略。通过建立有效的沟通渠道和协作机制，促进教学管理工作的协调推进，确保教育教学工作的高效运行和质量提升。

总之，教学管理人员应以高度的责任感和积极的工作态度，全面把握教学管理工作的方方面面，为学校教育事业的发展贡献自己的力量。这种责任心和主动性不仅体现在日常的教学管理操作中，更是教育教学事业顺利进行的重要保障和支撑。

（3）具备扎实的业务知识

教学管理人员要掌握足够的管理学知识。随着高等教育改革的不断深入，教学管理人员应该掌握系统的管理学知识，并能够采用科学的管理方法合理分配资源。

教学管理人员要掌握相关学科知识，院级教学管理人员要了解本院各专业的课程体系、培养目标和教学内容等。

随着办公自动化程度的提高，教学管理人员需要掌握教务管理、学籍管理、教学评估、教材管理及毕业证书管理等系统，同时熟练使用日常办公软件。这样可以推动教学管理方法的创新，提升其现代化、规范化和科学化水平。

（4）具备较强的工作能力

教学管理人员在保证教学管理活动顺利开展并达到预期效果方面起着至关重要的作用。一位杰出的教学管理人员需要具备出色的工作能力和多方面的管理技能。首先，他们应当具备卓越的组织管理能力，能够有效协调和整合各教学单位之间的关系。此外，他们需要具备灵活的应变能力，能够在复杂多变的教育环境中迅速做出反应，并有效解决问题。现代化的教学管理工作也要求他们能够灵活运用先进的教学管理设备和技术，以提升管理效率和教学质量。同时，教学管理人员还应具备较强的观察研究能力，能够深入了解教学实践中的问题和需求，促进教学信息的良性流通和利用。

在实际工作中，教学管理人员的能力和素质直接影响着教育教学工作的质量和效果。因此，他们不仅需要具备扎实的专业知识和丰富的实践经验，还需要不断提升自己的管理水平和技能，以应对日益复杂和多样化的教育管理挑战。只有这样，才能确保教育教学管理工作的顺利进行，为教育事业的发展和进步做出积极贡献。

（四）创新课程体系及教学内容

课程体系创新。主要是优化专业课程结构，创新课程体系，采用因材施教、分层教学、分类培养、定向培养和合作办学等多样化人才培养模式。这些举措旨在满足学生的学习需求，提升人才培养质量。同时，要打破传统课程分类的限制，调整课程比例，关注学生个性差异，强调理论与实践的结合，促进学生专业技能和通用技能的提升。

教学内容创新。拓宽专业课程，优化教学内容，提高教学质量，改变传统教学计划，增加弹性教学，注重大学生的文化素质教育。在公共必修课的基础上，加入学科必修课的教学，搭建课程平台，注重文理交叉，可加入跨专业的教学内容，加强专业渗透，推动大学生的宽口径发展，拓宽大学生的知识结构，让大学生根据自己的兴趣爱好和发展水平自由选择课程，提高大学生的综合素质。

五、高等教育管理改革实践

开展高等教育管理改革实践工作不仅能提升教育质量，还能培养创新人才，推动科研进步，优化教育资源分配，从根本上适应全球化趋势和快速变化的社会需求，为高等教育的可持续发展奠定坚实基础。

（一）高等学校学生管理改革

高等学校的学生管理模式需要从传统的命令式外部控制模式转变为以学生为本的自我管理模式。传统的命令式管理模式虽然在计划经济时期有效，但在当前经济全球化和创新教育阶段，其弊端逐渐显现。这种模式无法充分发挥学生的自我教育和管理能力，压抑了学生的心灵和创造性。

新的管理模式提倡个性发展和创造力培养，强调学生在教育过程中的主体地位，使教师主要起到指导和引导作用。新的管理模式旨在提升学生的自我教育、自我管理能力，帮助他们形成独立思考、解决问题和创新的能力，从而促进学生成为符合个人发展和社会需求的创新人才。通过这种以学生为本的管理模式，学校能够更好地适应现代社会的发展需求，培养出具备全面素质和创新能力的人才，为社会的发展和进步做出更大贡献。

（二）高等学校领导聘用机制

新中国成立以来，高等学校被赋予了行政级别，采用类似于政府机关的管理方式，这导致了一系列问题。首先，官本位现象严重，高等学校中存在明显的行政级别，领导干部的职务终身制和人治现象普遍，缺乏依法办事的法治观念。这样的体制使得学校的管理更多依赖个人权力而非制度规范，影响了教育管理的公平性和透明度。

人力资源管理不畅。高等学校的人力资源管理存在职位分析和岗位设计不合理的现象，职能部门的工作交叉严重，导致管理效率低下。师资结构不合理，未能形成公开、平等、竞争、择优的用人机制。缺乏科学的职位分析和合理的岗位设计，使得教师和管理人员的潜力未能充分发挥，影响了学校的整体发展。

此外，激励机制不健全。在现行体制下，领导的工作主动性差，普遍存在"等、靠、要"的思想，不敢创新，不愿进取。考核机制也存在问题，主要看态度而非实绩，导致工作绩效难以得到公平评价。缺乏有效的激励机制，使得教师和管理人员缺乏动力去追求卓越，影响了学校的教学和科研水平。

这些问题严重制约了高等学校人事制度改革和聘用制的实施，影响了高等教育的发展。高等学校应摆脱行政化管理的束缚，推进管理体制改革，建立现代大学制度。

（三）高等教育人力资源管理改革

高等学校的人事制度改革是其改革的中心环节，也是最艰巨和复杂的任务。改革须体现以人为本，积极实施聘用制，建立以聘用制为基础的用人机制，破除干部终身制，通过签订聘用合同明确单位和个人的权利和义务，并建立解聘制度。

高等学校的人力资源管理面临着全面改革的必要性，以适应不断变化的市场需求并推动学校的可持续发展。为实现这一目标，需要采取一系列具体措施。

建立健全科学的人力资源管理制度。要依法规范内部各项行为准则，包括教师的聘用、激励机制的建立、分配制度的改革以及领导成员的聘任等。通过完善考核办法，确保制度的科学性和合理性，从而保障运行机制的正常运作。以《中华人民共和国劳动法》为依据，从劳动关系的建立、人员使用、教育培训、劳动工资分配、社会保险、福利及各项劳动标准等多个方面入手，逐步建立新型的人力资源制度，避免管理行为的主观随意性。

进行科学合理的职位分析和岗位设置。高等学校应以最经济的方式使用劳动力，充分发掘人的潜能。通过职务分析，科学合理地设置岗位，定员定岗，做到师资结构合理、分布科学。要深入研究需求，拟订招聘计划，结合内部调整和外部引进，既充分利用现有的人力资源，又不断补充新鲜血液。定期对劳动者的素质能力进行评价，做到知人善任，合理调整，确保各岗位人员的最佳配置。

引入竞争机制，鼓励多种形式的竞争，聘用最适合的人才。建立优胜劣汰的机制，鼓励正当竞争，创造良好的竞争环境。通过各种经济和非经济手段激励广大职工，充分发挥他们的潜能，同时建立退出机制，奖惩分明，确保人力资源的高效利用。

完善激励机制和岗位工资制，贯彻"各尽所能、按劳分配，兼顾公平"的原则。要充分发挥工资杠杆的作用，改革和突破"低工资、高就业"的模式，逐步建立体现不同层次人才价值的分配体系。完善责任体系，采用按劳分配为主体、技术等生产要素参与收益分配的多种分配方式，确保分配机制的激励和约束功能，激发人才的积极性和创造性。

组建一支高素质的人事管理队伍，提高各级管理人员的素质，实现科学合理地利用人力资源。人事管理人员需具备与人相处的能力，善于交流，识别和选用人才的能力。熟悉人事管理工作，科学合理地分配工作岗位，合理配置人力资源，敢于创新，借鉴发达国家的先进经验，结合自身实际，积极开展工作。选拔德才兼备的高素质人才充实人事工作队伍，并对其进行定期培训，不断提升其专业素质和管理能力。

在高等学校人力资源管理过程中，实施公开招聘和择优聘用的聘用制。通过"公开招聘、择优聘用、平等自愿、竞争上岗"，设定岗位和专业技术职务结构比例，自主决定关键岗位的设置。在按需设岗、精简高效的原则下，考虑学科建设、人才结构和培养等因素，打破平均主义，拉开分配档次，允许优秀人才优劳优酬。建立职责相符、岗位与任务相统一的分配机制，具有激励和约束功能，确保高等学校能够吸引和留住优秀人才。

（四）高等教育投资体系改革

我国高等教育投资体制改革中存在的问题主要集中在经费投入不足、预算管理不合理和经费使用效率低下等方面。

经费投入不足是一个亟待解决的问题。当前，高等教育经费与国家经济发展水平不相协调，教育经费占国内生产总值的比例较低，未能达到国际标准。此外，预算内教育经费在财政支出中的占比也不高，这直接影响了高等教育的可持续发展。学费标准的设定不科学，未能合理反映教育成本和市场需求，导致部分学校依赖学费收入维持基本运作。与此同时，现行的资助制度不够健全，学生在面临经济困难时得不到充分支持，影响了教育公平性和教育质量的提升。

预算管理的不合理也是一个重要问题。高等教育财权与事权分离现象严重，教育经费预算没有单独立项，教育行政部门无法参与经费预算的制定和决定。这种管理体制导致经费分配和使用过程中缺乏有效的监督和调控机制，难以确保教育资源的科学配置。教育经费的分配往往缺乏透明度和公平性，无法充分反映各高校的实际需求和发展战略，影响了高校的长远发展和教学科研水平的提高。

经费使用效率低下的问题也不容忽视。有限的教育经费在非教学科研活动上存在不必要的浪费，导致培养成本增加。许多高校在校园基础设施建设、行政管理等方面投入过多，忽视了教学科研的实际需求和长远利益。这种资金使用方式不仅没有达到最佳效益，反而增加了学生和家庭的经济负担。教学科研设备的更新换代和教师科研项目的资金支持不足，制约了高校的科研创新能力和教学水平的提升。

通过系统性改革，高等教育投资体制将更加科学合理，能够有效支持高等教育的发展，提升教学科研水平，推动我国高等教育事业的全面进步。其核心思想包括多个方面的改革措施，旨在优化资源配置、提升教育质量，推动高等教育事业的可持续发展。

增加政府投入是改革的首要任务之一。根据法律规定，政府应当加大财政对高等教育的投入力度，确保教育经费实现"三个增长"①：即总量增长、质量提高和结构优化。这需要在国家层面制定长远的财政规划，确保高等教育经费在国民经济中的相对比例逐步提升，以应对日益增长的教育需求和提高教育质量的要求。

改革拨款方式是提高资金使用效率和透明度的关键步骤。建立完善的政府拨款制度，实行教育经费预算单列，将教育经费作为国家预算的重要组成部分，确保经费的专项使用和合理配置。同时，制定相关法律法规，明确资金的来源和用途，保障多渠道资金的稳定增长，为高等教育的长期发展提供稳定的财政支持。

学费和资助制度的科学规范是确保教育公平和可持续发展的重要保障。建立灵活的学费征收制度，根据学校、专业和家庭收入水平等因素制定差异化的学费标准，确保学费的合理性和可负担性。同时，完善学

---

① "三个增长"，即"中央和地方政府教育拨款的增长要高于财政经常性收入的增长，并使按在校学生人数平均的教育费用逐步增长，切实保证教师工资和在校学生人数平均公用经费逐年有所增长"。

生资助制度，为经济困难家庭的学生提供多样化的资助措施，包括奖学金、助学贷款等，确保每个有志于学习的学生都能够接受高等教育。

内部管理的改革是提高资金使用效率和教育质量的重要途径。高等学校应加强资金使用的透明度和成本核算，严格控制非教学科研活动上的支出，避免不必要的浪费，优化资源配置，确保每一分钱都用在刀刃上，为教育事业的发展提供更大的支持和保障。

多元化投资主体的引入是推动高等教育投资体系创新和发展的重要手段。鼓励非国有经济参与教育投资，扩大高等教育投资的筹资来源和渠道，增加投资主体的多样性和灵活性，促进高等教育的质量和效益提升。

在全球高等教育经费紧张的背景下，作为发展中国家，我国单靠政府政策难以彻底解决高等教育经费不足的问题。为了促进教育发展，我国采取了多项重要改革措施。首先，增加政府对高等教育的投入，通过法律规定和政策措施，逐步提高教育经费的比例，确保经费的"三个增长"，即财政投入、学校自筹和社会捐赠。其次，改革拨款方式，建立起更加科学、透明的政府拨款制度，确保经费的精准使用和效率提升。再次，我国还着力完善学费和资助制度，根据家庭经济情况和学校条件，制定差异化的收费标准和资助政策，以保障学生的公平接受教育。最后，为了开辟新的资金来源，我国积极鼓励非国有经济参与教育投资，通过多种方式吸引社会资本，促进教育资源的多元化和优化配置。

这些改革措施显著提升了教育经费的使用效率和公平性，为我国高等教育的可持续发展奠定了坚实基础。通过政府投入的增加和资金使用的规范化，高等学校得以更好地满足教学科研需要，提高教育质量和影响力。同时，改革后的学费和资助制度使更多有志于接受高等教育的学生能够实现教育梦想，缩小了教育机会的差距。未来，我国将继续深化教育投资体制改革，进一步优化政策措施，推动高等教育体系向着更加公平、高效和可持续的方向发展。

（五）高等学校教学改革

高等学校教育正面临着转型的时机与挑战，这不仅是知识经济时代发展的需求，也是社会对教育功能多元化的期待。具体改革措施可参考以下几点：

转变教育理念。从过去的精英教育向大众化教育的转变，意味着高等学校不再仅仅培养少数精英，而是致力于提高整体教育质量，注重每位学生的个性化发展。素质教育成为核心，不仅关注学生的学术能力，更强调培养学生的学习能力和创新能力，使其具备应对未来挑战的综合素质。

确定德育的优先地位。在教学过程中，应确立德育的首要地位，培养学生的品德修养和社会责任感。这不仅仅是传授知识和技能，更是培养学生健全的人格和社会行为准则，使他们成为具备高尚品质和社会责任感的公民。

更新教学内容与教材。随着科技和社会的快速发展，高等教育应当及时更新教学内容，确保学生接触到最新的知识和科技成果，使他们在竞争激烈的环境中保持领先地位。

改革教学方法。教学方法的改革是实现上述目标的重要手段。启发式教学方法能够激发学生的兴趣，培养他们的自主学习能力和批判性思维，从而促进他们形成终身学习的习惯。这种方法不限于课堂教学，还涵盖实践、研究和创新的全过程。

调整专业设置与课程体系。专业设置与课程体系的调整是支撑整体改革的重要支柱。从传统的单一学科培养转向开放性、多元化的人才培养，需要根据市场需求和学生兴趣调整专业设置和课程内容。因材施教，实现知识、能力和素质的综合培养，是构建适应现代社会需求的人才体系的重要保障。

时至今日，高等学校教育的转型与改革，不仅关乎学校自身的发展，更关系到国家的未来竞争力和社会的全面进步。通过理念的更新、德育的强化、内容与方法的革新以及课程体系的调整，高等教育能够更好地服务于社会发展的需求，培养出更多具备创新能力和社会责任感的优秀人才。

（六）高等学校人才培养改革

学校定位与办学层次。学校定位与办学层次是指高等学校根据其办学方向、角色定位和特色，反映其向社会提供劳务的品种、数量和质量。政府按照学科结构、行政隶属、办学主体和人才培养目标分类指导和管理高等学校，确立各校的发展目标，以实现高等教育系统内教育的有效分工和协作关系。

结构调整与培养质量。我国实施科教兴国的战略方针，把高等教育放到优先发展的位置，加快高等教育管理改革、建设与发展的步伐。1998年，我国进行学科专业目录的调整，专业种数由504种调整到249种。要改变在计划经济体制下人才培养模式的狭窄性和单一性，进一步拓宽专业面，把专业调整和人才培养模式、课程体系改革结合起来，以专业结构调整为切入点，以课程教学改革为重点，修订和完善人才培养方案，使本科人才培养进一步"通用化"，研究生培养中推崇素质教育，提高人才培养质量。

产学研结合与人才培养。大学是智力密集区，是知识创新的主要园地。产学研结合强调了人才培养和科学研究的现实性、目的性和适用性。许多重点高等学校把产学研结合作为培养高层次人才的重要途径。坚持与企业和生产单位合作培养，建立"人才培养基地"，使高等学校科研实力和学术地位不断上升。目前，我国一大批教学基地、人才培养基地已经建成。据不完全统计，我国先后建立了84个理科基础学科人才培养基地、51个文科基础学科人才培养基地、45个工科基础课程教学基地、13个经济学基础人才培养基地。有400多所大学有组织地开展了不同模式的产学研合作教育。经过改革与发展，我国高等学校共有研究与实验发展机构5090个，国家重点实验室106个，国家工程研究中心48个。至2002年，全国已建成970余个博士后流动站，400多家企业博士后工作站，在站人员达7000人，"十五"末博士后流动站在站人数全国将达1.2万—1.5万人，形成了我国高层次人才培养的体系，形成了一批充满活力的科技创新的群体和团队，提高了大学的科研能力和竞争力。大学已成为国家的人才库、知识库、信息库，已成为我国基础研究方向的主力军、科技人才的后备军。

（七）高等学校科研管理改革

在适应我国知识经济发展的背景下，高等学校的科研管理面临着新的挑战和机遇。为推动教学的创新，需要从体制、方法和策略三个方面进行全面的改革和优化。

重组和优化高等学校内部的科研力量和条件至关重要。传统上，科研机构和学术部门往往分散且功能重叠，导致资源利用效率低下和科研成果的孤立性。通过重组和优化，可以整合相关学科和研究团队，促进学科交叉与合作，打破学科壁垒，提升科研的整体水平和影响力。

引入科研激励机制是改革的关键一环。激励机制应当包括多层次、多方面的奖励措施，旨在激发教师和研究人员的科研热情和创新能力。这包括但不限于科研项目资助、成果转化奖励、专利授权奖励等，通过公开透明的评价体系，确保奖励的公正性和有效性，进而推动科研人员积极投入前沿科研和技术创新中去。

兴办大学科技园是促进科技资源激活和科技与经济结合的重要举措。

科技园区不仅可以提供优越的科研条件和技术支持，还能促进产学研深度合作，推动科技成果的转化和商业化。通过与企业和产业界的紧密合作，科技园区有助于将学术研究成果快速转化为实际生产力，推动科技创新成果的市场应用和经济效益的最大化。

科技管理部门也需要根据国家经济形势和科技管理体制改革的需要，调整工作重点，实现科技产业化的突破。这包括深化科技管理体制改革，提高管理效率和服务水平，促进科技成果转化和产业化进程。科技管理部门应当积极响应国家科技发展战略，加强与高等学校、科研院所及企业的沟通和合作，为科技创新提供更加有力的政策支持和资源保障。

因此，高等学校科研管理的新改革不仅要优化内部结构和资源配置，还要引入有效的激励机制和推动科技与经济结合的实际措施。通过这些改革，可以更好地激活科技资源，促进科技创新和经济发展的有机结合，为我国知识经济发展提供强大的支撑和动力。

（八）高等学校后勤管理改革

高等学校后勤社会化改革在我国社会主义市场经济初步建立的背景下，被视为一项重要的教育改革举措。这一改革旨在通过引入新的机制和模式，提高高校后勤服务的质量和效率，从而有效解决在扩招过程中出现的后勤保障问题，调整内部资源分配体系，推动高等教育的可持续发展。

高等学校的后勤社会化改革强调了服务质量的提高。传统上，高校后勤服务往往由学校自身管理，面临着效率低下、资源浪费等问题。通过引入社会化的管理机制，可以吸引专业化的服务供应商参与后勤管理，提供更为专业和高效的服务。例如，将餐饮、住宿、清洁等服务外包给专业公司，不仅可以提升服务水平，还能节约成本，释放学校内部资源用于教学和科研。

后勤社会化改革有助于解决扩招带来的后勤压力。随着高等教育的普及和扩展，学生人数的增加对后勤服务提出了更高的要求和挑战。传统的内部管理往往难以有效应对大规模的服务需求，而引入市场竞争机制则可以促使服务供应商提高服务质量和效率，确保大规模扩招过程中的后勤保障稳定和可持续。

后勤社会化改革还涉及内部分配制度的调整。通过市场化的竞争和合同约束，学校可以更加灵活地调整后勤资源的配置和使用，避免资源浪费和效率低下的问题。同时，这种改革也有助于建立健全的绩效考核机制，激励后勤服务提供者提高服务质量和创新能力，为高等学校的整体发展注入活力。

（九）民办高等教育管理改革

在国家、各级政府对民办高等教育的管理中，要转变教育思想，给民办高等学校以足够的自主权，让他们有行动空间，依法自主办学。同时，制定评估方案，实施科学的评估、检查、指导。

民办高等学校在内部管理上，要开拓思路。要探索、创立民办高等学校自己的管理模式，克服目前在我国公办高等院校仍然存在的较低效率和"吃大锅饭"的情况。同时，民办高等学校要注重学术建设，不能只停留在争取生源这个问题上。应开展科学研究的试验，建立教学、科研之间的互动关系和良性循环，并关注国内外新的具有前瞻性的教育思想，积极进行教育的科学试验和探索。民办高等教育要走"外引内联"合作办学的道路，开辟更为广阔的发展空间。当前，民办高等教育面临深化改革和机制创新的问题。民办高等教育布局上存在着重复建设、资源难以共享、规模效益过低等很多问题。应当加强合作，优化资源配置，提高办学效益。

（十）高等学校招生与就业改革

高等学校招生与就业制度改革是适应新时代教育挑战和需求的重要举措，经历了多年的发展和调整，始于1985年的高等教育体制改革，并持续至今。这一改革的核心在于深化高考制度、推动高校自主招生权行使、优化毕业生就业机制，旨在实现教育规模、结构、质量和效益的统一发展。

高考作为选拔人才的重要方式，通过不断完善和调整，提升了公平性和透明度，促进了教育资源的合理配置。随着社会的发展和教育观念的转变，高考制度也在不断优化，如引入多元化评价体系，考量学生的综合素质和潜力，而非仅仅依赖于考试成绩。

通过赋予高校更大的招生自主权，可以更好地适应社会对人才需求的快速变化，灵活调整招生政策和标准，培养具有实际能力和创新精神的人才。这种机制的建立还能激发高校内部的创新意识，促进教育质量和教学效果的提升。

随着经济结构的调整和就业市场的变化，高等学校需要更加关注毕业生的就业能力培养和职业发展支持。改革包括建立健全的职业指导和就业服务体系，加强与社会各界的沟通和合作，提升毕业生就业竞争力和适应能力，从而实现教育教学与社会经济发展的有机衔接。

参考文献

［1］王亚朴.高等教育管理［M］.上海：华东师范大学出版社，1986.

［2］胡弼成，姚新良，徐丹副.高等教育学［M］.长沙：湖南师范大学出版社，2021.

［3］孟维亮.以学生为本的高等教育管理改革与创新［M］.广州：世界图书出版广东有限公司，2019.

［4］张亚军.教育前沿高等教育管理理论与创新研究［M］.沈阳：辽宁大学出版社，2023.

［5］马静.高等教育管理发展的战略研究［M］.北京：北京工业大学出版社，2021.

［6］梁迎春，赵爱杰.高等教育管理与质量评价研究［M］.西安：西安交通大学出版社，2017.

［7］王宝堂.当代高等教育管理与实践路径研究［M］.青岛：中国海洋大学出版社，2018.

［8］张桓，柯亮.当代高等教育管理与教学研究［M］.北京：北京工业大学出版社，2021.

[9] 别敦荣.高等教育管理探微 [M].厦门：厦门大学出版社，2021.

[10] 王立梅.高等教育管理理论研究与实践探索 [M].北京：中华工商联合出版社，2022.

[11] 邝邦洪.高等教育的实践与探索 [M].广州：广东高等教育出版社，2020.

[12] 叶骏，周应祺.高等教育管理的研究与探索 [M].上海：上海交通大学出版社，2002.

[13] 姚纬明，余达淮，曹菱红.高等教育管理 [M].南京：河海大学出版社，2004.

[14] 李艳芳，韩燕.新时期高等教育管理路径及实践策略研究 [M].长春：东北师范大学出版社，2018.

[15] 周紫薇，何祉源.高等教育管理模式与方法的创新发展——评《高等教育宏观规划的理论与方法研究——聚焦中国高等教育规模的规划》[J].中国教育学刊，2020，（11）：111.

[16] 王园.高校现代化教育管理方法[J].辽宁工程技术大学学报（社会科学版），2007，（01）：102-104.

[17] 徐翠云.新时代高等教育发展路径探究 [J].安康学院学报，2024，36（03）：98-104.

[18] 宣勇.我们需要怎样的高等教育学 [J].中国高教研究，2024，（06）：26-34.

[19] 王苑，张芷依.英国：高等教育数字化转型的实践 [J].留学，2024，（12）：20-22.

[20] 邬丽.新媒体环境下高等院校教育管理模式的构建策略 [J].才智，2024，（16）：129-132.

[21] 孙红霞.中英高等教育管理体系构建方向的差异性对比研究[J].高教学刊，2024，10（14）：1-4.